A BRACCIA VUOTE

Il dolore incompreso di una mamma

ELISA LATINO

COLLANA IRDA

Lulu Press
3101 Hillsborough St.
Raleigh, NC 27607 | U.S.A.

ISBN: 978-1-326-46186-7
Info: www.irdaedizioni.it

Ordini:
www.amazon.com
www.amazon.it
www.lulu.com

Copertina: realizzata da Cristian Verdesca
Direttore editoriale: Francesco Luca Santo

Prefazione

Ho scritto questo libro perché, come molte altre donne, sono una mamma che ha perso il proprio bambino a causa di un aborto spontaneo.

Trovare le parole giuste per esprimere il dolore che si prova quando si perde la piccola vita che si porta in grembo è impossibile. Non ne esistono per descrivere un tale lutto, un lutto che ancora nel 2015 rimane quasi un argomento tabù!

Purtroppo non ci sono formule magiche per far sparire dalla nostra testa e dal nostro cuore un trauma del genere, un peso enorme che diviene ancora più greve per via dell'amore che proviamo per i nostri figli, ma se si accetta di vivere giorno per giorno il proprio dolore, se non si fugge, se si vivono le emozioni fino in fondo, il processo di elaborazione si compie e si conclude; ma non tutti abbiamo gli stessi tempi: ognuno di noi ha il proprio carattere e il proprio modo di essere.

Negare che tutto questo sia successo, cercando di "soffocare" il dolore, non permette di elaborare il lutto, ma diviene solo un circolo vizioso mirato a colpire solo noi stessi.

Ci sono gravidanze che, ahimè, non durano nove mesi ma solo poche settimane, eppure il corpo di quella donna si stava trasformando in un nido, si stava preparando a creare uno spazio per quel bambino.

Sfortunatamente a queste mamme viene detto che è facile che una gravidanza si interrompa! ...ma quel bambino era già parte di lei, era il suo futuro, il sogno di una famiglia che si stava formando...

La realizzazione di questo sogno inizia a diventare concreto dal momento in cui il test di gravidanza risulta positivo. Da lì in poi si inizia a fantasticare sul proprio bambino e su come sarà la vita insieme a lui; è quindi inconcepibile psicologicamente prepararsi alla vita e subito dopo alla morte.

Siamo mamme "speciali" perché madri di piccoli angeli, siamo mamme che avranno per sempre la morte nel cuore per la perdita del proprio bambino... siamo speciali perché siamo riuscite a sopravvivere a tutto questo.

Per chi vive al fianco di una donna che ha sperimentato un simile lutto non è altrettanto semplice andare avanti, prendersi cura di chi ha vissuto il gelo che un aborto lascia nel cuore significa trovare la forza e il coraggio per far rifiorire la persona che si ama; significa credere che dopo tanto dolore ci sia ancora qualcosa in cui credere.

Questo libro l'ho scritto per tutte quelle donne che hanno vissuto il dolore dell'aborto, con la speranza di poter, con la mia testimonianza, aiutarle a sentirsi meno sole e incomprese.

"Un bambino farfalla non volerà mai lontano dal cuore dei suoi genitori..."

A BRACCIA VUOTE

Il dolore incompreso di una mamma

ELISA LATINO

Preghiere

Non so se siete credenti o no o se avete perso la fede...
sta a voi decidere se continuare a sfogliare queste pagine
oppure semplicemente fermarvi qui...
Nonostante ciò, nelle pagine a seguire, vi riporto alcune delle preghiere
che ho trovato, nei miei maggiori momenti di sconforto, momenti in cui
sentivo che stavo perdendo la strada e anche la ragione, importanti.
Avevo bisogno di una guida per ritrovare la mia via,
da sola non potevo farcela, non ne avevo le energie.
Quindi, mettendo da parte l'orgoglio verso Dio,
(orgoglio dovuto alla perdita del mio unico figlio)
ho pian piano ricominciato a rivolgermi a Lui, e col tempo mi ha aiutato
a gestire meglio il dolore dei momenti più tristi.
Queste preghiere sono dedicate a tutti coloro che attendono con amore
il dono di una gravidanza, che desiderano avere un bambino o che
semplicemente vogliono pregare per il loro piccolo Angelo
volato in cielo.

Preghiere per i nostri figli in Cielo

Nel lutto mi rivolgo a te amato Padre,
la nostra creatura è in Cielo al tuo fianco,
ascolta questa nostra preghiera,
prenditi cura di mio figlio,
accudiscilo, pensa al suo bene,
per noi la speranza dell'incontro fra un po' di tempo,
la speranza del tuo Amore su di lui.
Proteggilo dal nostro dolore
e avvolgilo col calore del tuo abbraccio,
e nutrilo di Amore e di speranza,
che questo nostro cuore troverà pace,
nel tempo di accettazione,
ma oggi voglio pregarti,
coprilo d'Amore come solo tu sai fare,
coprilo di gioia come quella che avrei voluto donargli,
e l'Amore nostro trasmettigli sempre nel cuore,
per sempre l'Amore nostro e il grande Tuo Amore.
Abbi sempre parole per lui che oggi può sentirti,
e trasmetti al mio cuore la gioia di mio figlio,
solo la sua gioia porterà sollievo al mio grande dolore,
e le mie lacrime col tempo asciugherà,
ma nel mio cuore lui ci sarà sempre,
l'Amore per mio figlio sarà sempre dentro di me,
ma il sapere che è con te mi darà consolazione.
Nel tempo il battito del mio cuore ricomincerà a pulsare,
si aprirà a nuovo Amore,
proteggi mio figlio nella lunga attesa,
e volgi il tuo sguardo sul mio cuore per aiutarmi,
e donami i Tuoi consigli, questo mio cuore Ti ascolterà,
Amore, Amore per questo ho bisogno di Te Padre

donami il Tuo sguardo,
donami la Tua Luce,
donami il Tuo grande Amore.
Ti penso accanto a lui, Ti penso accanto a me,
e fa che la gioia che sente mio figlio
consoli il nostro cuore.
Per oggi e per sempre,
l'Amore dona a mio figlio.

Amen

Se mi ami non piangere

Non piangere per la mia dipartita.
Ascolta questo messaggio.
Se tu conoscessi il mistero immenso del cielo dove ora vivo;
se tu potessi vedere e sentire ciò che io vedo e sento
in questi orizzonti senza fine,
e in quella luce che tutto investe e penetra,
non piangeresti.
Sono ormai assorbito nell'incanto di Dio,
dalla Sua sconfinata bellezza.
Le cose di un tempo
sono così piccole e meschine al confronto.
Mi è rimasto l'affetto per te, una tenerezza
che non hai mai conosciuto.
Ci siamo visti e amati nel tempo:
ma tutto allora era fugace e limitato.
Ora vivo nella serena speranza
e nella gioiosa attesa del tuo arrivo tra noi.
Tu pensami così.
Nelle tue battaglie orientati a questa meravigliosa casa
dove non esiste la morte e dove ci disseteremo insieme,
nell'anelito più puro e più intenso,
alla fonte inestinguibile della gioia e dell'amore.

S. Agostino

Vivono

Sono morti, ma vivono,
quelli che ci hanno lasciati per un mondo migliore;
sono morti alla terra,
ma vivono più in alto, più vicino a Te, Signore.
Sono morti, ma vivono.
Sono morti nel loro corpo, ma non nel loro spirito;
ciò che costituisce la loro persona
e il fondo del loro cuore rimane per sempre.
Sono morti ma vivono.
Vivranno maggiormente alla risurrezione,
ma già ora
essi vivono una vita che supera la nostra.
Sono morti ma vivono.
Hanno trovato in Te la sorgente zampillante
che mai inaridirà
e che sviluppa tutte le loro energie.
Sono morti ma vivono.
Vivono d'amore, del loro amore per te,
del loro amore per tutti;
non fanno altro che amare e la loro vita è piena.

Credere

Padre, aiutami a credere che
la morte non è l'ultimo ostacolo insuperabile,
l'ultima pagina della storia personale,
l'ultima parola detta su ciascuno,
l'ultima incognita dell'esistenza.

Padre concedimi di credere che,
dopo l'esempio del Tuo figlio,
la morte non è un tramonto senza aurora,
una sconfitta senza riscatto,
un viaggio senza ritorno,
un grido senza ascolto.

Padre, guidami a credere che,
dopo l'insegnamento del Tuo Figlio,
la morte non è sconfitta irreparabile,
una porta chiusa per sempre,
una separazione totale dagli altri,
un annientamento completo,
un deserto sconfinato,
un vicolo cieco.

Padre, insegnami a credere che,
per il dono dello Spirito Santo,
anche la nostra morte è un passaggio di purificazione,
una semina nascosta,
una gestazione di futuro
una nuova creazione,
un'unità ritrovata,
un accesso al tuo Regno.

                    Amen

Angelo di Dio
che sei il mio custode illumina,
custodisci, reggi e governa me
che ti fui affidato
dalla pietà celeste

Amen

Preghiere per il dono di avere un figlio

O Padre, Tu che sei il creatore di
tutto ciò che esiste ed il
Signore della mia vita,
benedici la nostra famiglia e
rendi fecondo il nostro amore
affinché sia sorgente di una nuova vita.
O Gesù, Tu che ami così tanto i bambini da
dire che soltanto chi assomiglia a loro
entrerà nel Regno dei Cieli,
rendici disponibili, grati e degni
ad accogliere tutti i Tuoi doni,
in particolare il dono delle vite.
O Spirito Santo, Tu che hai operato con potenza
in Maria Santissima, affinché concepisse
verginalmente il verbo incarnato,
noi ci apriamo totalmente alla Tua azione
affinché l'amore si faccia carne in noi
per la Gloria di Dio

Amen

Preghiera a S. Anna

O Signore, per intercessione a S. Anna
madre della Madonna, Ti chiedo di accompagnarmi
in questo periodo di gestazione per la
creatura che hai voluto far vivere nel mio seno.
Grazie perché mi hai scelta per questo compito
così importante: essere madre di una nuova creatura,
e così collaborare con Te Creatore.
O Signore per intercessione di S. Anna,
fa che la creatura che è in me sia un
dono che renda più unita la mia famiglia
e una benedizione per tutti.
Fa che l'attesa della nascita ci aiuti
ad essere generosi e
perseveranti nella fede
e nella carità.

Amen

Preghiera di una futura mamma

San Gabriele,
mi rivolgo a te con tanta speranza.
Sei apparso a Zaccaria e gli hai detto:
"la tua preghiera è stata esaudita, tua moglie partorirà
un figlio che sarà per te causa
di gioia e allegria perché
sarà grande davanti al Signore".
Sei stato sempre tu ad annunciare a Maria
che lo Spirito Santo sarebbe sceso su di lei
e che sarebbe rimasta incinta.
San Gabriele tu che sei chiamato
l'Angelo dell'Annuncio,
se non ho sempre osservato fedelmente
i comandamenti del Signore,
ora ti prometto di fare tutto il possibile.
Intercedi per me, affinché mi vengano concesse
la felicità e la grazia della maternità.

Amen

Preghiera a S. Rita

O cara S. Rita,
nostra patrona anche nei casi impossibili
e Avvocata nei casi disperati,
fa che Dio mi liberi dalla mia
presente afflizione...
e allontanami l'ansietà che
preme così forte nel mio cuore.
Per l'angoscia che voi sperimentate
in tante simili occasioni,
abbiate compassione della mia persona
che domanda il vostro intervento
presso il Divino cuore del nostro Gesù Crocifisso.
O cara S. Rita,
guida le mie attenzioni in questi miei umili desideri.
Così sia.

Amen

Storie vere di mamme speciali,
Storie vere di mamme di piccoli angeli
Storie vere di una triste realtà:
la perdita del proprio bambino...

3 febbraio 2015 e quel test positivo che mi ha cambiato la vita: tanta paura per la mia giovane età, ma anche tanta emozione di portare dentro di me il mio pargolo.

Accarezzandomi la pancia immaginavo già la mia vita insieme a lui.

Sono una ragazza madre ma con un grande cuore, grande abbastanza per amare mio figlio. Lui che vive nel mio cuore e non tra le mie braccia...

14 febbraio 2015: il mio piccolo Bryan ha preso il volo, ma fino a quando il mio cuore avrà battito lui vivrà lì.

Spero tanto che un giorno in paradiso noi, "mamme speciali", recupereremo tutto questo tempo, insieme ai nostri angioletti mai venuti al mondo.

"Amore di mamma, siamo stati legati fisicamente per 7 settimane e 3 giorni ma ti amavo come se ti avessi portato dentro di me da una vita".

Testimoniato per lui dalla sua mamma Giusy A.

Un bacio, soprattutto al mio piccolo ma anche a tutti gli angioletti che hanno preso il volo verso il paradiso troppo presto.

Questo piccolo pensiero va al mio piccolo Bryan A.

Ciao sono Gabriella da Roma, ho 30 anni e il 26 gennaio è arrivata la notizia più bella: ho scoperto di aspettare un bambino!

...ma purtroppo dopo soli 12 settimane il mio cucciolo mi ha voluto abbandonare, forse per colpa del destino o forse fatalità... lui però resterà sempre nel mio cuore...

Ciao vita mia

Mi chiamo Stefania, ho 44 anni, vivo in Svizzera dove sono nata e cresciuta. Sono mamma di 2 angeli volati troppo presto in cielo...

Ho subìto due aborti spontanei, il primo alla dodicesima settimana, il secondo all'ottava settimana; e come se non bastasse, 15 mesi, fa il Signore ha voluto mettermi di nuovo alla prova ed è venuta a mancare la mia dolcissima mamma all'età di 60 anni, causa ictus!

In seguito ho cambiato ginecologo perché lui non mi ha mai voluto fare visite più approfondite nonostante le mie continue richieste.

Il nuovo medico, dopo varie visite, mi ha confermato che non potrò più avere figli nel modo naturale!

Il mondo mi è crollato addosso: per via della perdita di mia mamma e dei due miei piccoli angeli la mia vita è cambiata a 360°. Non mi riconosco più in quella donna dolce e sensibile che ero, non riesco più a mostrare i miei sentimenti più profondi, provo solo tanta stanchezza, una grandissima stanchezza... sento la morte nel cuore e non riesco a parlarne con nessuno, e quando sono da sola scoppio a piangere dal dolore.

Divento gelosa se vedo dei bambini con la propria mamma, sento delle fitte al cuore se vedo una donna col pancione...

Se potessi parlare con Dio gli direi: "di angeli ne hai già tanti... riporta indietro i miei...!

Da ben due settimane ho avuto la fortuna di poter entrare in un bellissimo gruppo dove mi sento accettata e capita nel mio dolore.

Ringrazio l'amministratrice Elisa per aver creato questo favoloso e delicato gruppo.

Stefania

C'era una volta una felice inconsapevolezza...

Non è il classico 25 aprile, Luca non deve andare a lavorare al ristorante e la giornata si può trascorrere insieme.
Un entusiasmo strano, un benessere irreale...
Andiamo allo zoo e incontriamo tante belle famiglie coi loro passeggini, le carrozzine, i bimbi che corrono e gridano: i più grandicelli danno da mangiare alle caprette e battono sul vetro degli orsetti lavatori... e poi ci siamo noi che pensiamo: *"e se un giorno avessimo un figlio che urla così... santo cielo"!*
Mi sento felice, in pace, nulla può rovinarmi questa sensazione.

Sono passate 2 settimane, ho un ritardo di 6 giorni... com'è possibile? Sono un orologio svizzero!
Corro in farmacia per acquistare un test di gravidanza e ciò che vedono i miei occhi sono due linee! Una gioia immensa, indescrivibile, surreale! La realizzazione di un amore.
In seguito effettuo gli esami del sangue che confermano di essere tra la quinta e la sesta settimana di gestazione. Per me è un'esplosione di vita e una mia amica mi dice: *"ecco, la felicità sta proprio nella vita che ancora una volta trionfa su tutto ciò che accade"*.
In una giornata come tante altre una persona felice ti illumina la serata come se splendesse ancora il sole.

Il silenzio

"Signorina tutto bene qui, adesso accendiamo l'ecografo"!
Osservo la ginecologa col cuore in gola... non riesco a guardare lo schermo, ho troppa paura... paura di piangere dall'emozione o di restare pietrificata se qualcosa di anomalo mi venisse comunicato.
Lo sguardo attento, concentrato, scrutante... e il silenzio! Una smorfia di perplessità, di turbamento e il terrore si impadronisce del mio cuore e

della mia mente.

Un'ombra si fa avanti: *"Non c'è embrione Valentina, credo sia troppo presto nonostante le presunte settimane. Non si agiti, se ha avuto un'ovulazione ritardata, saremmo indietro di qualche tempo. Ripeta l'ecografia la prossima settimana"!*

"Questa è la terza ecografia signorina, ma dell'embrione non c'è traccia! Le prescrivo il raschiamento, ormai l'avanzare della gravidanza non potrà cambiare le cose; cause genetiche o altre non ancora identificate fanno sì che, anche se lei è gravida, l'embrione o si è riassorbito nei primissimi tempi o non si è mai formato. Vada al più presto in ospedale"!

Il buio, l'oscurità, non vedo nulla, non sento nulla. Non vado avanti, non torno indietro, gli occhi si stanno chiudendo... accidenti che ansia!

Mi guardo intorno, sono sola con due donne incinte; come una stupida non ho voluto nessuno con me.

Decido di chiamare casa: *"papà ho fatto tutto, non mi sento bene ho tanto male".* e milioni di lacrime... una cascata glaciale di lacrime spengono il mio unico raggio di sole.

Terrore

Oddio, 2 test positivi! ...ma è possibile? Sono passati poco più di 4 mesi da quel tremendo 27 giugno in ospedale. Non posso essere incinta!

Mi assale il terrore, non riesco a stare tranquilla, il cuore mi palpita e non si ferma...

Sono a lavoro, mi sento agitata, mi fa male la pancia dal nervoso...

Torno a casa e mi sdraio sul divano, si sta decisamente meglio ma devo alzarmi se non voglio farmi la pipì addosso.

In bagno, una riga di sangue sulla carta: panico, terrore, un buio ancora più oscuro.

Corriamo al pronto soccorso, non notano nulla di anomalo: è appena la quinta settimana, le beta sono ancora basse, ma dopo 3 giorni sono azzerate ed ho un'emorragia abbondante! Non serve il raschiamento.

Ormai la cieca disperazione la fa da padrona nel cuore.

Adesso mi danno fastidio i pancioni, se prima mi causavano solo disagio per il dolore che stavo attraversando, adesso proprio non li tollero; mi sento in colpa per questo e non sono arrabbiata con le future mamme questo no, sono solo arrabbiata con me stessa, arrabbiata come donna perché non ho saputo proteggere e crescere due piccolini indifesi, due fiori delicati che ancora dovevano sbocciare.

Quelle persone che si nascondono dietro l'ipocrita discrezione e nell'alta considerazione di sé, non fanno altro che tirare fuori la convinzione di inadeguatezza che i miei due aborti siano meno importanti delle loro gravidanze! Nel gergo medico "non vita". Il corpo elimina ciò che è difettoso e viene identificato come "non vita": ecco spiegato il mio ultimo aborto. Mi sento rimbombare in mente queste frasi come un'ossessione, non è giusto che la gioia degli altri sia per me atroce sofferenza... non riesco nemmeno ad andare avanti con gli accertamenti per la poliabortività: mi sento bloccata come se vivessi in una dimensione parallela! Mi è bastato vedere la mia mappa cromosomica: anomalie, linee cellulari irregolari, geni mancanti, geni in più... basta sono stanca!

Sono preoccupata non solo per un'altra gravidanza, ma anche per me stessa. Luca mi tranquillizza sempre, ma io non riesco a reagire perché non me la sento, non posso, non ora.

Voglio il mio diritto al lutto, tanto negato e ignorato nella speranza di non soffrire e di non farmi vedere sofferente da nessuno.

Da questi momenti di profonda disperazione ho imparato molto: ho imparato a riconoscere gli amici (quelli veri), ad accettare il mio dolore e a confortare anche chi lo sta affrontando, e me ne meraviglio ogni giorno che passa! Come posso essere io un appiglio per qualcuno che vive il mio stesso dramma?

Queste donne che, come me hanno perso il loro bambino, vogliono solo essere ascoltate e capite. Ci accomuna non solo un dolore esasperante, ma anche un cuore vero, pieno di amore puro; forse più puro di chi un bimbo lo ha in Terra e non in Cielo. Questo non lo penso per sminuire o invidiare chi ha avuto più fortuna di me.

Un pensiero speciale va alle mamme, ai genitori e alle figlie che soffrono della sindrome di Turner; una sindrome tutta al femminile.

Donne tutte d'un pezzo, donne con tre X come me: nel mio DNA scorre un po' di voi!

Non siamo sole mamme speciali, non è solo la nostra storia... e il giorno in cui ci sveglieremo, e nel cielo sfreccerà colorato, fresco e dolce il nostro arcobaleno, ci guarderemo indietro, una lacrima non esiterà a scendere, ma la vita trionferà sempre.

Valentina Viale

È la mattina del 5 marzo quando, dopo un solo giorno di ritardo, chiedo al mio compagno di andare in farmacia per acquistare due test di gravidanza: lui rimane un po' perplesso da questa mia richiesta perché ho una particolare fretta dato che mi sento già in dolce attesa....

Venti minuti dopo, eccomi lì, con in mano quei due test di gravidanza: li guardo, li riguardo, poi li poso e li riprendo e alla fine decido di farli (il mio compagno è vicino a me) e con un leggero sorriso leggo sul foglio delle istruzioni di aspettare un minuto: il tempo passa ma non riesco a vedere nulla...

Nell'attesa decido di posarli sul davanzale, pochi minuti dopo li riguardo e con mia grande sorpresa sono entrambi positivi! Tante lacrime di gioia e di emozione.

...e comincia così il mio viaggio... Passano i giorni e tutto sembra andare bene fino a quando dopo qualche settimana mi ritrovo in ospedale per perdite discontinue di sangue.

I medici mi comunicano che avrò ogni mese il ciclo dall'ovaio non gravido.

Tra paure, ansie e nervosismi sabato 2 maggio vado a fare la visita di controllo: la ginecologa mi dice che il battito del bambino c'è, che cresce poco ma bene e che posso stare tranquilla, ma la stessa sera avverto degli strani dolori...

Domenica 3 maggio (dopo una strana serata dovuta a mal di pancia), verso le 22:30 non riesco più ad alzarmi... le lacrime mi cullano nel mio profondo dolore ma in cuor mio so già; sento di dover spingere ed ho una strana compressione nel basso ventre: corro all'ospedale dove il ginecologo mi accoglie subito per una visita.

La mia sofferenza si placa ma il battito del mio cuore non vuole decelerare: si arresta quando il ginecologo mi dice: *"mi dispiace signora, ma il suo bambino non c'è più"*! Il mio dolce angelo è tra le sue mani senza più battito...

È inerme ed io lo sono più di lui! Sono sconvolta, non so come calmarmi, non so come dirlo al mio compagno che da lì a poco mi raggiungerà in ospedale; sento il mio cuore bloccato in gola: tutto è finito, io sono finita! Il mio è stato un parto a tutti gli effetti!

Dopo 5 ore siamo ritornati a casa e una volta sotto le coperte ci siamo accorti che era una notte di luna piena... una luna grandissima che baciava tutto il nostro letto: ci siamo guardati e con un mezzo sorriso abbiamo deciso di chiamare il nostro piccolo angelo Luna.

Sono Glenda e ho 25 anni. La mia storia inizia più di due anni fa, quando di comune accordo, io e il mio compagno, decidiamo di avere un figlio. Io, avendo problemi di ovaio policistico e ipotiroidismo, so che potrei avere qualche difficoltà a rimanere incinta, ma il desiderio è così grande che la cosa non mi demoralizza.

Così vado dal mio ginecologo, (che è anche il mio endocrinologo) e gli spiego la nostra intenzione, lui semplicemente ci prescrive un po' di esami preconfezionali e i risultati sono come ce li aspettavamo: io non ovulo ma niente di preoccupante, decidiamo di stimolare l'ovulazione!

Aspetto il primo ciclo e per 3 mesi provo questa stimolazione ormonale con un farmaco, il Colmì, ma non rimango incinta, ogni mese mi ritorna il ciclo.

Dunque il mio ginecologo mi consiglia di rivolgermi ad un centro per la Procreazione Medicalmente Assistita. Mi informo e scopro che nella mia città hanno aperto da poco più di un anno un centro di primo livello e che sono molto preparati.

Mi metto in contatto con loro e in poco tempo riesco a fare la prima visita. Con me porto tutti gli esiti dei miei precedenti esami e loro mi rincuorano dicendomi che potrò avere quel figlio tanto voluto.

Faccio ancora qualche esame, torno al centro e sono pronta per una nuova stimolazione ormonale per poi procedere con un'inseminazione intrauterina. Aspetto il ciclo, inizio le punture e due volte alla settimana faccio i monitoraggi, ma verso metà ciclo la ginecologa mi dice *"siamo ferme, queste ovaie dormono alla grande"*, quindi mi sospende tutto e aspetto di nuovo un altro ciclo per ricominciare una nuova stimolazione con l'aiuto di un farmaco più forte che funziona: finalmente sono pronta per la mia prima IUI.

Il giorno della IUI ci rechiamo nel primo pomeriggio in ospedale dove il mio compagno raccoglie il suo seme per poi tornarvici dopo qualche ora. Il medico mi visita dicendomi che vi sono due follicoli, uno appena scoppiato e l'altro che in procinto di scoppiare: io felicissima mi metto sul lettino per l'inseminazione. Rimango un po' sdraiata e poi mi rimandano a casa.

A casa ho qualche dolore alle ovaie ma niente di allarmante, rimango sdraiata con un cuscino sotto la schiena per favorire la forza di gravità verso il ventre.

Ora non resta che aspettare 14 giorni per fare l'esame della Beta HCG,14 giorni lunghissimi.

Trascorrono due settimane e vado a fare l'esame ma per i risultati dovrò aspettare due giorni...

Finalmente il grande giorno è arrivato, il 29 novembre vado a ritirare i risultati, porto a casa la busta con dentro l'esito e aspetto che il mio compagno torni a casa per aprirla.

Non appena rientra mi chiede della busta e mi dice che non è riuscito a pensare ad altro: ci sediamo e lascio che sia lui ad aprirla, quindi mi chiede: "che cosa devo leggere? E io: "un numero alto!" E lui legge 209! Io resto zitta, incredula, lui mi chiede che cosa signifchi quel numero e io gli rispondo: "sono incinta"! Non riesco a crederci, mi sono preparata per un esito negativo, mi sono sempre ripetuta che in ogni caso avrei dovuto reagire per poi riprovarci ecc.... ma non avevo mai pensato a come reagire davanti ad un esito positivo.

Dopo una settimana faccio la mia prima visita di controllo, sono emozionata e allo stesso tempo agitata, la dottoressa mi fa sdraiare sul lettino e inizia a visitarmi: ed eccoli lì, due splendidi embrioni con due super cuori pulsanti, il mio va di pari passo con il loro: il suono più bello che io abbia mai sentito!

La mia ginecologa, dopo avermi confermato che tutto procede bene, mi consiglia di rivolgermi ad una sua collega specializzata in gravidanze gemellari.

Passato un mese faccio un altro controllo e scopro che i bambini non sono due ma bensì tre!

Inizialmente sono preoccupata, ma poi sento soltanto un'immensa gioia nel cuore!

Le settimane e i mesi scivolano via, il seno aumenta di tre taglie ma la pancia si nota appena, infatti nessuno si accorge che sono incinta di 3 bambini, ma dal quarto mese anche la pancia inizia a crescere e nel frattempo scopriamo che sono due maschi e una femmina.

Ed eccoci arrivati a venerdì 20 marzo (ero di 20+2): inizio ad avere delle perdite acquose e per sicurezza sento la mia ginecologa che mi consiglia di andare al pronto soccorso per controllare che non sia liquido amniotico; giunta lì mi fanno due tamponi che per fortuna risultano negativi e in più mi fanno un'ecografia interna per controllare il collo dell'utero che è di 36 mm confermandomi che va tutto bene, addirittura si vede un bambino che sbadiglia!

...ma la notte successiva inizio ad avere dei dolori, simili a dolori mestruali. Io penso che sono dovuti alla visita fatta qualche ora prima e pertanto non gli do molta importanza, ma dopo una notte insonne a causa dei dolori sempre più forti, contatto nuovamente la mia ginecologa che mi dice che ciò è dovuto alla visita e mi consiglia di prendere una tachipirina, di bere molto e di riposare!

Non seguo i suoi consigli, dentro di me sento che c'è qualcosa che non va, quindi torno al pronto soccorso; arrivata in reparto trovo proprio la mia ginecologa, le spiego tutto e lei si allarma quando le dico che mi hanno visitata internamente! Allora decide di visitarmi ma questa volta esternamente. Mi dice che la bambina si trova già in vagina e che mi dovranno ricoverare urgentemente per un aborto spontaneo!

Sabato 21 marzo 20+3 il mio cuore si è disintegrato...!

Mi ricoverano e alle 12:40 mi portano in sala parto dicendomi che dovrò partorire tutti e tre i miei bimbi; ovviamente questa per me è la cosa più brutta e forzata della mia vita, non voglio assolutamente farlo, ma, dopo aver metabolizzato la cosa ed essermi arresa ad un destino così crudele, raccolgo tutte le mie forze e tra le lacrime inizio a spingere fino a quando si rompono le acque! I medici mi dicono che le contrazioni ripartiranno dopo mezz'ora e così è: alle 18:00 nasce la mia splendida bambina. Inizialmente non voglio vederla, infatti, con un lenzuolo sulla faccia, sfogo tutto il mio dolore. Il mio compagno invece va a vederla nella stanza a fianco e alla fine convince anche me a farlo...

Me la portano a letto tra le mie braccia, la guardo e vedo una piccolissima ma perfetta e splendida bambina, la mia bambina che dopo pochi minuti smette di respirare!

Finito questo strazio mi ritrovo lì sul letto: i medici mi dicono di aspettare che ripartano le contrazioni per partorire gli altri due bambini, ma le contrazioni non tornano più.

La mia ginecologa mi dice che solamente in tre casi in tutto il mondo, dopo il parto del primo gemello, si è riusciti a salvare gli altri due, quindi ci vuole provare: mi annoda il cordone, lo reinserisce in vagina confermandomi che il collo dell'utero si sta richiudendo, anche se è molto elastico avendo appena partorito mi lascia comunque una piccolissima speranza di portare avanti la gravidanza degli altri due.

Rimango in ospedale con il cuore a pezzi.

Ad ogni cambio di turno si presenta un ginecologo diverso che dice la sua, alcuni mi visitano internamente, cosa che fa arrabbiare la mia ginecologa che contrariata dice ai suoi colleghi di non andare a stimolare, infatti più mi visitano e più il collo dell'utero ricomincia ad accorciarsi.

La dottoressa decide di praticarmi il cerchiaggio per salvare i miei due bambini ma il primario non le dà il permesso: secondo lui il mio travaglio è partito per colpa di un'infezione.

25 marzo (21+0) i medici mi dicono che sono completamente dilatata e alle 18:30 mi riportano in sala parto anche se non ho contrazioni, difatti rimango per due giorni in una stanza con letto matrimoniale per permettere al mio compagno si starmi vicino. Da qui non mi fanno mai alzare e mi tengono praticamente a testa in giù, chiedo il perché di questo e i medici mi rispondono che serve per indurmi al parto.

Iniziano i dolori delle contrazioni, ma non possono farmi abortire.

Tutto ciò è stressante non solo per il corpo ma anche per la mente.

Voglio iniziare a spingere per portare a compimento questo calvario ma il ginecologo vuole aspettare la rottura delle acque. L'ostetrica osservando il mio strazio mi dice che posso iniziare a spingere non appena sono in grado di farlo e così faccio: venerdì 27 marzo (21+2) alle 6:00 nasce il primo maschietto, anche lui bellissimo e perfetto. Fa dei piccoli movimenti e dei piccoli respiri forzati che piano piano vanno a scemare fino ad arrestarsi del tutto.

Dopo meno di un'ora, esausta, ricominciano le contrazioni! Quindi raccolgo le mie ultime forze e inizio a spingere: l'ultimo bambino nasce con tutto il sacco integro e il liquido dentro (un dolore atroce ma ciò permetterà loro di fare tutti gli esami possibili).

Quest'ultimo non l'ho visto, inizialmente perché era ancora dentro la sacca e poi quando l'hanno liberato io non sono riuscita a tenere gli occhi aperti.

In seguito ho dovuto espellere la placenta quindi mi hanno preparato per il raschiamento.

Dopo che tutto è finito sono ritornata in camera.

Io mi sento vuota, sola, non ho più la compagnia dei miei bimbi, loro non ci sono più, sono morti... ed una parte di me anche.

Sembra che la mia vita sia finita, penso a tutti gli sforzi fatti per rimanere incinta.

Due settimane fa sono andata a fare una visita di controllo, tutto è nella norma, l'utero sta ritornando al suo posto. Dopo ho chiesto dei miei esami eseguiti in ospedale per i quali avrebbero dovuto telefonarmi ma nessuno si è degnato di farlo: gli esami sono risultati tutti negativi, sia quelli materni che quelli fetali. Da una parte avrei voluto non saperlo, dall'altra mi ha rassicurata sapere che il problema non è stato mio.

Alla fine con la mia ginecologa si è creato un bel legame. Lei è molto dispiaciuta di non essere riuscita a mandarmi a casa con almeno un bambino sano tra le braccia... Dice che si prenderà cura di me...

Adesso aspetto il primo ciclo e poi farò un po' di esami anche se nessuno mi ridarà indietro i miei tre bambini che mi mancano da impazzire.

Credo che solo una nuova gravidanza potrà colmare l'immenso vuoto che mi hanno lasciato loro.

Ora posso solamente andare a trovarli al cimitero, davanti a quella piccola lapide simbolica dove ho piantato due belle girandole colorate...

La mia storia comincia con l'inizio del mio matrimonio: mi sposo nel 2000 e subito decidiamo di avere un bimbo che non tarda ad arrivare, ricordo ancora quando sono andata a fare gli esami ed erano positivi, che gioia, mi sembrava tutto così bello...

La gravidanza va bene e il 26 luglio 2001 nasce Chiara, una bellissima bambina ma tre settimane dopo purtroppo muore e tutto diventa un incubo: la casa è piena dei suoi vestitini, i giochini che mai userà e la culla vuota...
Ricordo il grande dolore durante i suoi funerali.
Ho portato le sue cose a casa di mia madre perché vederli lì mi si straziava il cuore!

Il dolore per questa perdita è stato fortissimo, così abbiamo pensato di riprovarci, e, dopo 4 mesi dalla morte di Chiara, sono rimasta incinta per la seconda volta...
Ho avuto l'ansia che qualcosa potesse andare male per tutta la gravidanza ma per fortuna non è stato così e adesso mio figlio ha 12 anni ed è tutta la mia vita insieme a mio marito.

Dopo la nascita di Davide mi sono sentita meglio anche se Chiara è sempre stata presente nella nostra vita... siamo andati a trovarla al cimitero anche con mio figlio, lui triste perché la sua sorellina non c'era più ci chiedeva il perché.

Avremmo voluto altri figli ma purtroppo non sono più rimasta incinta, ma poi dopo 11 anni ecco che ho un ritardo: sono di nuovo in dolce attesa!
Mi sento incredula e felice; vado a trovare mia figlia al cimitero e le chiedo di proteggere questa nuova vita...

Le analisi e le visite procedono bene anche se ho delle perdite fino al quarto mese.
Al mio ultimo controllo vedo le sue gambe, le sue mani, il suo dolce

visino e sento il battito del suo cuore.

Una mattina di maggio vado a fare la morfologica, accompagnata da mio figlio perché vuole vedere anche lui il suo fratellino; ma quando la ginecologa mi fa l'ecografia, dice che non c'è più battito e da lì ricomincia l'incubo!

Il giorno dopo, il 29 maggio 2014, mi ricoverano e nasce Marco.
Io mi ritrovo in una stanza da sola senza nessuna assistenza. Solo nel pomeriggio permettono a mio marito e ad una mia zia di farmi visita dopo una mattinata passata a piangere ... senza alcuna assistenza psicologica!
Mi auguro che col tempo negli ospedali ci sia pure questo tipo di supporto con un personale più umano!

Soffro da un anno, tutto mi sembra un incubo perché la vita mi ha tolto due bambini...
Spero di ritrovare la serenità che avevo raggiunto prima di questo nuovo aborto... Per mia fortuna sono circondata da persone che mi vogliono bene anche se solo chi ci passa in prima persona può capire fino in fondo questo dolore.

Con tutto il mio amore
Mamma Pina

Convivo da due anni, due meravigliosi anni. Ogni tanto io e il mio compagno Alberto abbiamo parlato di bambini.

Nel giugno 2014 andiamo in vacanza in Calabria per staccare un po'; ho un ritardo del ciclo ma pensiamo che sia dovuto allo stress e al caldo, così il 20 giugno (compleanno del mio compagno) decidiamo di eseguire un test di gravidanza e... sorpresa! Compaiono due belle lineette: ho sempre immaginato questo momento ma viverlo è stupendo; guardo il mio compagno e lui mi dice che non avrebbe potuto ricevere regalo più bello!

Facciamo le valige e ritorniamo subito a casa: mio padre, mia sorella e noi siamo felicissimi.

Poco dopo vado a fare le analisi e mi dicono che sono di 3-4 settimane. Purtroppo la nostra gioia dura solo 15 giorni!

Inizio ad avere delle perdite, corriamo subito in ospedale dove ci viene detto che ho avuto un aborto interno e che avrei dovuto fare il raschiamento!

Sono incredula e contino a ripete "ma come aborto interno? Ma perché?" Come "consolazione" mi viene detto che succede spesso con la prima gravidanza!
Nonostante questo non riesco a riprendermi e continuo a convivere con questo atroce dolore.

In seguito faccio le visite post-aborto tra cui l'isteroscopia e le varie analisi del sangue e i risultati confermano che va tutto bene.

Trascorrono 3 mesi, io e il mio compagno ci riproviamo ma nulla, la cicogna tarda ad arrivare. La mia ostetrica mi consiglia di non pensarci, di provare a rilassarmi e di riprovarci possibilmente intorno al 14° 15°

giorno del ciclo.

Un mese dopo rimango di nuovo incinta, vado a fare la visita e il ginecologo mi conferma che sono alla sesta settimana e che va tutto bene... sento anche il suo cuoricino che batte... mi sembra di vivere un sogno!

Alla nona settimana trovo del sangue sugli slip, corro subito in ospedale dove mi dicono che non ci sono segni di distacco ma che il cuore del bambino ha smesso di battere!
Sono incredula, voglio morire insieme a lui e mi chiedo "ma perché proprio il mio bambino?"

E così sono costretta a subire un altro raschiamento: questa volta le cose non vanno del tutto bene perché ho una forte emorragia, ma per fortuna risolvibile...

Al mio ritorno a casa arrivano i veri problemi: comincio ad avere un vero e proprio rifiuto verso la vita, soffro di attacchi di panico e quel dolore al cuore che solo una mamma speciale può capire!

Trascorso un mese rifaccio i controlli post raschiamento, esami di genetica, tamponi ecc.! Alla fine della visita la mia ginecologa mi abbraccia e mi dice: "tesoro ti giuro che ti farò avere momenti felici.

Nell'attesa dei risultati degli esami cerco di riprendere in mano la mia vita...

Arrivano gli esiti degli esami: mutazione genetica in omozigosi, in poche parole, termofilia.

Una maledetta mutazione si è portata via il mio cuore per due volte in un solo anno; la mia vita è cambiata radicalmente: io sono cambiata!
Ho provato il dolore e l'amore quello vero e oggi sono qui pronta per amare ancora un piccolo esserino!
Credo di poter essere la testimonianza che nella vita non bisogna mai

arrendersi, mai smettere di sperare e di sognare!

Spero che un giorno potrò di nuovo di essere in dolce attesa... anzi, in dolcissima attesa!

Ho 25 anni e sono una mamma speciale come voi.

Da quando avevo 18 anni io e il mio compagno proviamo ad avere un bambino, ma due anni fa scopro che le mie tube sono compromesse e quindi l'unica soluzione per avere un bambino è la fecondazione assistita.

Dopo aver affrontato questo faticoso percorso a febbraio rimango finalmente incinta. Sembra andare tutto bene, sento anche il suo piccolo cuoricino battere ma dopo 4 giorni è finito tutto.

Una mamma di un angelo

Mi chiamo Jessica, sono di Cagliari e ho 22 anni.

Io e il mio fidanzato abbiamo pensato di avere un figlio da febbraio: il primo mese è scivolato via senza alcun esito, ma a marzo, un ritardo mi mette in apprensione, così deciso di aspettare ancora qualche giorno...

Il 23 marzo faccio il test: negativo! Delusa e triste aspetto ancora qualche giorno e il 26 compro il test digitale della Clearblue, e leggo "incinta 1-2"! Piango dalla felicità.

Corro a comprare un paio di calzini; torno a casa e scrivo una lettera da dare al mio fidanzato e la lascio in una scatola insieme ai calzini e al test di gravidanza.

La sera, quando lui apre la scatola, è felice e allo stesso tempo un po' impaurito...

La mattina seguente vado a fare l'esame delle urine nel laboratorio analisi ma, al ritiro dei risultati, leggo negativo!

Comincio ad avere paura, non è una cosa che mi aspettavo, però penso che magari sono state fatte troppo presto e quindi decido di chiamare la ginecologa per fissare un appuntamento: lei pensa bene di prescrivermi le HCG perché con quelle non ci sarebbero stati errori.

Sabato 28 vado a fare il prelievo del sangue, ma il risultato mi sarebbe stato consegnato solamente il martedì successivo per problemi di laboratorio.

La stessa sera cominciano i dolori mestruali, ma leggendo su internet mi tranquillizzo perché tutte dicono che è normale...

Domenica 29 marzo, il mio fidanzato esce presto per andare a lavorare e ritornare 2 ore dopo...

Io non riesco a chiudere occhio a causa dei dolori alla pancia e ai reni, così vado in bagno e trovo una chiazza di colore rosa abbondante: sgrano gli occhi terrorizzata, corro in cucina dove trovo il mio fidanzato che intanto è ritornato dal lavoro. A quel punto decidiamo di andare in ospedale: arriviamo e andiamo alla ricerca di un medico che ci manda al terzo piano nel reparto di ostetricia e ginecologia...

Corriamo avanti e indietro per cercare qualcuno che possa aiutarci, ma il reparto sembra vuoto!

Per fortuna incontriamo un ragazzo che ci dice di bussare in accettazione. Così faccio. Un'infermiera poco cordiale apre la porta e risponde freddamente "è occupato"! e richiude.

Fa uscire una ragazza dopo 10 minuti e ci dice che adesso possiamo entrare. Un medico sta seduto al pc, mentre lei attende che io le dica... Così le racconto del test, dell'esame delle urine e della chiazza rosa, al che lei mi guarda e ride assieme all'altro medico dicendomi: *"e sei qui per questo? Signorina se il ciclo deve arrivare arriva!"*.

Mi sento cadere il mondo addosso, mi sento come se mi stessero pugnalando al cuore e a stento riesco a trattenere le lacrime... Decido di ritornare a casa ed ecco che arriva il ciclo abbondante con coaguli e dolore!

Inutile dire che ho pianto ogni giorno, ogni secondo dei giorni successivi e ringrazio il mio fidanzato per avermi stretta a lui ogni volta facendomi sentire al sicuro; ma nonostante tutto una parte del mio cuore è volata via con il mio angelo.

Il martedì ritiro gli esami della beta ed il risultato è 13.1. Troppo basse: ecco spiegato l'arrivo imminente del ciclo.

Vado a consegnare i referti alla ginecologa che decide di farmi un'ecografia per vedere se vi sono dei coaguli. Niente, tutto pulito! Quindi mi dice: *"per fortuna si è ripulito tutto da solo, tanto sei giovane non l'avresti voluto immagino!"*

Rimango esterrefatta dalla sua affermazione e le rispondo che invece era voluto! Mi guarda come se avesse appena fatto una gaffe e dice *"ah, hai fatto bene allora...!"*

Certe persone proprio non le capisco... quindi mi dice che posso nuovamente riprovare.

Passano i giorni, io decido di documentarmi sulle preghiere che riguardano la gravidanza e ne trovo alcune rivolte a "Santa Maria Francesca delle 5 piaghe"; così prego ogni giorno chiedendo di far tornare il mio bambino da me.

Intanto lavoro mattina e sera e un giorno, camminando avanti e indietro per il negozio, noto un cuore rappresentato su una fantasia floreale di una scarpa esposta. Sorrido, pensando al mio bambino…

Pochi giorni dopo apro un budino e anche lì trovo un cuoricino! Così comincia ad accendersi la speranza in me, ma allo stesso tempo cerco di rimanere con i piedi per terra.

La ginecologa mi aveva consigliato di ripetere le beta perché i valori avrebbero dovuto azzerarsi completamente, quindi al mio 14° giorno di ovulazione le ripeto; vado a ritirarle con il mio ragazzo e la dottoressa mi dice *"qui qualcosa c'è!"*

"Forse è probabile che sia il residuo delle vecchie beta… le avevo a 31.1…"

"Ah no signorina, qui sono a 125!"

Spalanco gli occhi felice e incredula!

Mi dice che dovrò ripeterle tra due giorni per vedere se continuano a crescere…

Usciti dall'ospedale il mio fidanzato mi chiede com'è andata e io gli rispondo che sono incinta! Così risulta dalle analisi…

Cerchiamo di rimanere con i piedi per terra ma le beta continuano a crescere: prima 330, poi 3760, finalmente posso ricominciare a sorridere!

Quando abbiamo visto nostro figlio tutto ci è sembrato un sogno! Ora lo tengo stretto a me e non lo lascio volare via mai più!

Vorrei ringraziare veramente Santa Maria Francesca per averlo fatto tornare da me, il mio fidanzato per essersi preso cura di me e tutte le ragazze che mi hanno sostenuto nei momenti più difficili.

Spero che la mia storia possa dare speranza a tutte e vi auguro di cuore che il vostro bambino torni presto da voi.

Grazie anche a te Elisa che hai deciso di pubblicare la mia testimonianza nel tuo libro.

Jessica

16 giugno 2014: dopo due settimane di ritardo decido di acquistare un test di gravidanza...

Arrivata a casa lo faccio subito e nel giro di due minuti si formarono due linee blu e il mio cuore per un attimo si ferma: ho la conferma che da questo istante la nostra vita cambierà per sempre!

Arrivato a casa il futuro papà gli do la bella notizia, è agitato e allo stesso tempo felice. A mente fredda ci guardiamo negli occhi e ci diciamo "diventeremo genitori!"

Viviamo tutto con gioia: una gravidanza perfetta! Sono di 41+2, la mia piccola sta bene e io faccio tutto senza troppi problemi.

Giorno 21 febbraio: devo fare la visita e il monitoraggio, ho le contrazioni ogni 3 minuti che durano 1 minuto; il medico mi dice di andare a casa e ritornare in ospedale se proseguiranno anche il giorno dopo.

Sono le 11:30 vado a casa, faccio la doccia ed iniziano contrazioni fortissime. Alle 12:15 corriamo in ospedale (che dista circa 20 minuti da casa), ma nel tragitto si rompono le acque!

Arrivati in ospedale mi portano in sala parto ma sono già dilatata di 8 centimetri, c'è un calo del battito fetale, mi spogliano in preda alle contrazioni e piangendo mi prendono di peso per condurmi in sala operatoria; sono cosciente... vedo e sento tutto e alle 13:06 mi fanno il cesareo d'urgenza.

Nasce la mia piccola Giada ma non piange, io continuo a guardare il viso dei medici e delle infermiere: il loro volto è serio.

Provano a rianimarla per 50 minuti ma purtroppo non ce la fa.

Ho avuto la possibilità di stare con lei per due ore dopo il parto e due giorni dopo l'ho vestita perché non sopportavo l'idea di saperla nuda in quella cella mortuaria. Poi ho voluto vederla un'ultima volta per mandarla tra gli angioletti con un ultimo bacio; è stato tutto così straziante, è come se per un momento quel giorno non fosse mai esistito.

Vivere senza di lei ogni giorno è davvero dura e questo mi fa rendere conto che tutto ciò è stato reale e non un incubo.

Attorno a me vedo tante mamme felici con i loro bambini e penso cos'ho io che non va…? Forse non meritavo di diventare mamma? O forse lei è un angelo speciale che mi ha dato un dono che pochi possono avere…

Non trovo risposta a queste mie domande ma so per certo che lei è la mia principessa e lo sarà per sempre… sarà quella cicatrice profonda nel mio cuore e quel raggio di sole che brilla più forte e che mi asciuga le lacrime che ormai hanno solcato il volto senza esaurirsi, e anche se in alcuni momenti della mia giornata sorrido, ogni giorno vorrei essere lì con lei per stringerla forte a me.

Ringrazio il personale ospedaliero che mi ha fatto avere l'impronta del suo piedino…

Il vuoto che lasciano i figli nessuno può realmente riempirlo…
Ci manchi da morire, ti amiamo tantissimo.

Mamma e Papà

Lutto in gravidanza: un argomento tabù

Il lutto conseguente alla morte in utero e alla morte perinatale non ha (purtroppo) una valenza sociale e rimane ancora oggi un tabù; nell'immaginario collettivo non c'è spazio per questo e sembra una beffa: un figlio tanto desiderato che muore ancora prima di nascere è una cosa inimmaginabile.

Un argomento scarsamente affrontato, non solo socialmente, ma anche da professionisti che sono da sempre poco avvezzi ad affrontare questo tipo di discorso.

In molti lo sottostimano (anche i medici), ignorando la sensibilità della relazione che esiste già tra mamma e figlio nei mesi di gravidanza, contribuendo dunque a far incrementare sentimenti di collera e impotenza verso questo destino ingiusto e avverso.

Una cultura che non trova parole...

La nostra cultura non trova parole che possano spiegare ciò che di per sé è innaturale e non razionalizzabile (come si può morire prima di nascere?) e senza parole non si formulano pensieri. Un dolore a cui non si dà voce è un dolore destinato a restare privato, mancano le parole per poterlo definire, pensare e condividere. Purtroppo esso non sempre viene riconosciuto, anzi al contrario, il mondo esterno tende a minimizzarlo o comunque a non comprenderne la sua reale portata.

Il lutto perinatale ha una variante che va dai 6 mesi circa ai 2 anni (durata che può cambiare da persona a persona), durante i quali le madri e i padri affrontano l'esperienza del lutto vivendola nel quotidiano giorno per giorno.

Purtroppo anche chi dovrebbe aiutare per professione non sempre è preparato a farlo! Medici e psicologi che non hanno avuto una preparazione specifica su come trattare gli aspetti psicologici del lutto perinatale, talora non danno il giusto supporto, magari perché loro stessi non hanno mai affrontato il problema della morte.

Dovrebbero esserci più medici preparati su come affrontare questo disagio in modo da poter supportare e aiutare i genitori a gestire questo tipo di dolore già dal momento in cui viene loro comunicata la perdita del bambino!

Nel caso di aborto spontaneo (soprattutto nelle primissime settimane di gestazione) la tendenza ad ignorare e minimizzare la sensazione di dolore risulta ancora più amplificata, dato che è opinione comune che si tratta di una perdita facilmente superabile (cosa non vera ovviamente!)

Per la nostra società un figlio non nato non rappresenta un vero e proprio lutto e continuo a chiedermi il perché di tanta superficialità.

Il risultato di questo atteggiamento comporta un senso di abbandono nei genitori e la certezza di non essere compresi né tanto meno sostenuti.

Il suggerimento che do io è quello di non arrendersi, di non rinunciare a spiegare al mondo intero che un figlio non nato è comunque un figlio a tutti gli effetti perfettamente inserito nell'idea genitoriale e familiare.

I genitori non piangono un bambino (un bambino qualsiasi come lo è per i medici) ma "quel bambino" che ha già un posto importante nel loro cuore e nelle loro vite e questo lutto lascia un gran vuoto dentro di loro.

Se si rimane da soli e inascoltati tutto diventa più difficile. Numerosi studi hanno dimostrato che una rete di supporto, la vicinanza e il sostegno di quanti stanno al fianco della donna che ha perso il proprio figlio (e mi riferisco soprattutto alla vicinanza emotiva del proprio compagno o marito e/o donne che hanno vissuto la stessa esperienza) sono fondamentali per superare la fase critica della perdita.

Per esperienza personale posso garantire che molte volte mi sono sentita meno sola quando raccontavo ogni mia emozione e mi sfogavo con donne che purtroppo hanno vissuto l'esperienza dell'aborto (a qualsiasi età gestazionale).

Ovviamente ogni donna è fatta a modo proprio, col proprio carattere e la propria storia alle spalle e sente di dover affrontare il dolore in maniera diversa.

Questo lutto poco comprensibile per chi non lo ha mai vissuto... un "lutto sconosciuto al mondo" del quale nessuno a parte i genitori, i fratellini e talvolta i nonni ha avuto modo di pensare e verso il quale nessun altro ha definito un legame di attaccamento.

Bambini denominati "bambini farfalla", preziosissimi per chi li ha sentiti (anche attraverso il suono del battito veloce del loro piccolo cuoricino) pensati e amati nella mente e nel corpo ma simboli insignificanti per gli altri, portati ad allontanarsi velocemente (a volte per paura) dal dolore della morte.

La possibilità di sepoltura

"La sepoltura è un gesto di civiltà" ...!

Ogni anno in Italia molte famiglie vivono la drammatica esperienza della perdita di un figlio durante la gravidanza o al momento della nascita.

Si tratta di un'esperienza alla quale il più delle volte i genitori sono impreparati e perciò hanno più che mai necessità non solo di un supporto psicologico ma anche informativo in merito a procedure da eseguire in questo tipo di situazioni.

In molti, dopo il tragico evento, si domandano che fine faccia il loro bambino e se abbia o meno per legge diritto ad un nome.

Pur esistendo una specifica normativa nel nostro Paese, essa è nella maggior parte dei casi ignorata da molte strutture ospedaliere; al momento della raccolta del consenso informativo, i genitori non vengono ben aggiornati su cosa sia possibile fare nel caso in cui il loro bambino nasce senza vita a qualsiasi età gestazionale.

La procedura che dalla morte intrauterina porta alla sepoltura del bambino prevede vari passi, alcuni dei quali da compiere tempestivamente.

La sepoltura dei bambini mai nati, siano essi di età gestazionale inferiore o superiore alle 20 settimane, può essere fatta sia nei casi in cui la morte intrauterina sia avvenuta in seguito ad un aborto spontaneo, sia nei casi in cui faccia seguito all'interruzione terapeutica di gravidanza o all'interruzione volontaria di gravidanza.

I passi da compiere per la sepoltura del proprio bimbo

- Quando si va in ospedale: Se possibile è meglio recarsi in ospedale in compagnia del proprio compagno/marito o in alternativa in compagnia di un parente o una persona cara che possa sostenere la madre nella richiesta di sepoltura e nel disbrigo delle pratiche.

- Comunicare all'ospedale la scelta di voler seppellire il proprio
  bambino:

Appena si arriva in ospedale bisogna comunicare al medico e alla caposala del reparto che si vuole seppellire il proprio bambino, in questo modo il suo piccolo corpicino verrà conservato con cura. Nell'esprimere questa intenzione, molti medici ignorano la possibilità di seppellire un embrione, pertanto ci si potrebbe sentir dire che è una richiesta assurda: non bisogna scoraggiarsi, non chiudersi in se stessi ma informare il personale medico quando previsto dalla legge.

Se il ricovero per aborto non avviene d'urgenza e la data del raschiamento viene stabilita prima, è meglio avere con sé una copia del testo della legge e se anche in questo caso il ginecologo o la caposala di riferimento non considerano la richiesta, rivolgersi immediatamente alla Direzione Sanitaria, che può attivarsi affinché la richiesta venga soddisfatta.

Se si è nelle prime settimane di gravidanza i medici potrebbero rispondere che dopo l'estrazione/l'espulsione dell'embrione non ne resterà niente. Questo è ciò che viene detto a molti genitori!

In realtà l'anatomia patologica in molti casi riesce ad individuare l'embrione in mezzo al materiale organico espulso/estratto nonostante il bambino misurasse solo pochi millimetri. Talvolta però può accadere che i medici abbiano difficoltà a trovare l'embrione: in questo caso si deve chiedere che il materiale organico venga comunque destinato alla sepoltura.

I medici di Anatomia Patologica

Una volta avvenuta l'espulsione/estrazione dell'embrione, il personale medico consegna il prodotto abortivo, assieme al resto del materiale organico al reparto di Anatomia Patologica affinché venga eseguito l'esame istologico che è obbligatorio.

La camera mortuaria

Una volta eseguito l'esame istologico il bambino viene consegnato alla camera mortuaria; è meglio prendere contatti con la camera mortuaria per chiedere se saranno loro ad informare del giorno in cui riceveranno il corpicino del bimbo o se invece spetta ai genitori contattarli.

Il saluto in camera mortuaria

Indipendentemente dal fatto che si scelga di rivolgersi alle pompe funebri o di optare per il trasporto comune, si può chiedere alla camera mortuaria che la cassettina con il bimbo venga posta in una stanza, come si fa solitamente per le persone decedute, affinché i famigliari possano stare qualche minuto in sua presenza prima della sepoltura. In questo caso si può scegliere di far mettere qualche fiore vicino alla cassettina del bimbo.

Se si appartiene a qualche credo religioso si può dire una preghiera o chiedere ad un sacerdote di essere presente per la benedizione.

Dai un nome al tuo bimbo

Una buona idea è quella di dare un nome al bimbo anche se, essendo nelle prime settimane di gravidanza, probabilmente non si conosce il sesso; può essere un nome di fantasia, un soprannome o un nome vero e proprio.

Dare un nome significa riconoscere il bambino, dare un'identità che non coincide con la gioia del concepimento né con il dolore per la sua morte.

Chiamare, nominare il proprio bambino aiuterà a riconoscerlo come proprio figlio, un affetto importantissimo della propria vita, esattamente come per tutte le persone care.

Dare un nome al bambino aiuterà a riconoscersi come genitore ma anche a far capire agli altri che quello che si è vissuto non è solo un "incidente di percorso" da dimenticare il prima possibile, ma molto di più.

Nella propria vita è entrato un bambino che, anche se ora è morto, è e resterà per sempre il proprio figlio…

Se questo è ciò che si sente, è fondamentale che si riesca a comunicarlo e a trasmetterlo anche agli altri per evitare di vivere in solitudine un'esperienza già molto dolorosa: dare un nome a un bambino mai nato significa muoversi in questa direzione!

Come viene affrontata la perdita dai bambini

Quando all'interno di un nucleo familiare muore qualcuno, il dolore che si genera è difficile e molto lungo da elaborare; nel caso in cui la famiglia in questione sia in attesa di un nuovo figlio e si verifichi una morte perinatale, la questione diventa ancora più complicata per la mamma, per il papà ma anche per gli altri componenti della famiglia. Nel caso in cui ci siano altri figli, i genitori dovranno accompagnarli verso una comprensione più serena possibile dell'accaduto.

Ma come spiegare ad un bimbo che attendeva l'arrivo di un fratellino o di una sorellina che non arriverà?

Naturalmente l'argomento è delicato perché se è vero che il bambino farà fatica a comprendere quanto è accaduto, non bisogna dimenticare che i genitori per primi devono fare i conti con quanto li travolge al momento in cui subiscono la perdita.

Come in molti casi, ciò che è più consigliabile è:
- parlare chiaramente ai bambini, cercare di essere sinceri e non fingere che non sia accaduto nulla.
- Tutta la famiglia vive il lutto e quello che è più importante per

ciascuno dei membri è scacciare via il senso di colpa che spesso si manifesta nei genitori (per non aver saputo o potuto fare nulla) e che bisogna fare attenzione che non si generi anche nel fratellino/sorellina maggiore.

- Tornare alla normalità in modo naturale cercando per primi di elaborare il lutto senza rimuovere l'accaduto: i bambini vanno accompagnati a loro volta verso l'accettazione e l'elaborazione dell'avvenimento, e credere di poterli proteggere del tutto dal dolore non li aiuterà a comprendere il perché in casa "qualcosa è cambiato", ma anzi favorirà in loro la nascita di paure legate alla fine della vita e gli impedirà di esprimere i loro sentimenti di paura o tristezza.

Ai genitori può essere di aiuto affrontare il tema della morte con i propri figli attraverso dei libri di fiabe scritti appositamente con l'intento di diventare strumenti utili per accompagnare i loro piccoli nell'accettazione di un evento così spaventoso ma anche così "naturale".

La perdita di un figlio: gli aspetti psicologici

Il lutto dopo un aborto e la morte perinatale presenta tutti i drammatici aspetti del normale processo del lutto, con la differenza che è "biologicamente" inaspettato e dunque particolarmente "inspiegabile": si tratta di un evento "innaturale" perché normalmente i figli sopravvivono ai genitori; invece ci troviamo di fronte ad un rovesciamento dell'ordine naturale degli eventi.

L'intensità della sofferenza dipende molto dall'intensità con cui si è vissuta la gravidanza, infatti più sentito è il legame più intense e forti sono le sofferenze e il lutto.

Un figlio in arrivo rappresenta fin dai primi momenti della gravidanza un vero e proprio "oggetto di amore" con il quale la madre e il padre costruiscono un legame, sia fisico che mentale.

Ogni coppia genitoriale, seppure con modalità differenti e specifiche, procede, durante tutta la gravidanza, alla formazione di questo legame che si crea in modo complesso e inconscio: le fantasie sul "bambino immaginario", i desideri e le aspettative, le possibilità di visualizzare così precocemente il bambino in utero attraverso l'ecografia, sono tutti aspetti che contribuiscono a promuovere un saldo attaccamento tra il genitore e il neonato, allo scopo di consolidare il fisiologico passaggio da coppia a famiglia al momento della nascita.

Ma...

Quando muore un bambino a qualsiasi età gestazionale si verifica in modo improvviso e violento l'interruzione di questo processo di legame: viene a mancare l'oggetto d'amore, il fine ultimo di tutta la preparazione conscia e inconscia, psicologica e fisica affrontata dalla coppia genitoriale (ma anche dagli eventuali fratellini e nonni).

Il verificarsi di questo evento nella maggior parte delle volte non dipende da cause controllabili, è indipendente dalle proprie azioni ed è quindi importante che la donna ne sia consapevole.

Può succedere soprattutto alla prima gravidanza ed è una di quelle cose a cui la donna non pensa e le informazioni spesso scarseggiano.

Dopo la diagnosi di morte in utero o morte perinatale, la coppia sperimenta uno stato di shock e di profonda disorganizzazione psichica, ci si ritrova a non sapere più a chi dare tutto l'amore che fino a quel momento si era investito sul bambino che non nascerà. Il dolore, l'incredulità e lo stordimento sono così intensi da limitare la capacità di comprensione, per cui è possibile che le madri e i padri abbiano bisogno di tornare più volte su alcuni concetti, di avere spiegazioni chiare e semplici, anche se dall'esterno tutto può sembrare perfettamente logico e comprensibile. Può subentrare anche la depressione, una grande tristezza per tutto ciò che si era immaginato e che non potrà realizzarsi. Alcune donne avvertono una sensazione di irrealtà associata a tristezza, che può combinarsi ad agitazione e tendenza a tenersi estremamente occupate.

Le emozioni e i vissuti sono molto intensi e variabili da persona a persona, sia nella loro intensità, sia nel loro modo di proporsi: distacco, rabbia, depressione, senso di colpa, ma anche dolore, invidia nel vedere donne in gravidanza e bambini di altri.

Non per questo bisogna sentirsi in colpa....

Non bisogna pensare di essere persone ingiuste o cattive se si prova tutto ciò, sono reazioni normali che ogni madre può avere. Bisogna sapere che molte madri sono vittime di una sensazione sgradevole e dolorosa definita "la sindrome delle braccia vuote" che si manifesta in maniera acuta soprattutto nelle prime settimane dopo la perdita, ed è legata al venir meno delle funzioni di accudimento. Quindi nessun senso di colpa verso i propri pensieri, ci si deve sentire liberi di esprimere tutto ciò che si prova dentro senza cercare di soffocare i sentimenti negativi e senza il timore di apparire deboli, fragili e inadeguati.

Parlatene, parlatene e parlatene....

La cosa fondamentale da tenere a mente è quella di parlare con il partner del disagio psicologico che si sta vivendo per poter condividere questo momento di dolore, riconoscendo questa sofferenza per l'elaborazione del lutto. Bisogna farlo per se stessi e per il proprio bene: non bisogna permettete a nessuno di mettere fretta nell'elaborazione del lutto, si deve avere il diritto di soffrire e il parere degli altri (se pur preoccupati) conta fino ad un certo punto! Bisogna prendersi tutto il tempo di cui si ha bisogno.

L'elaborazione del lutto

L'aborto spontaneo però, come qualsiasi altro lutto, richiede sì il tempo necessario per elaborarlo (che cambia da soggetto a soggetto) ma in linea generale viene superato entro i primi 6 mesi, nei quali a volte può esserci un'alterazione del ritmo veglia/sonno e un'alterazione dell'appetito. Se l'elaborazione del lutto non avviene naturalmente è consigliabile rivolgersi ad uno psicologo o ad uno psicoterapeuta, ma questa è una decisione che deve prendere il soggetto coinvolto altrimenti l'aiuto terapeutico non ha efficacia se di base c'è un "rifiuto emotivo".

Non esiste un modo giusto o sbagliato...

Non esiste un modo giusto o sbagliato di affrontare la perdita, ognuno è fatto a modo proprio, con i propri vissuti e col proprio carattere. Imporsi di non pensarci come viene erroneamente suggerito non può aiutare. La presa di coscienza di questo è il primo passo per riconoscere il proprio malessere, è un passo importante ma non basta a stare subito meglio, anzi, può provocare uno stato di angoscia perché dal punto di vista esistenziale non si può evitare il dolore.

Nella nostra cultura siamo così poco abituati ad esprimere il dolore per un figlio non nato che non esistono parole per descriverlo. Il silenzio diventa spesso una barriera che separa dal mondo esterno e, nello stesso tempo, in un guscio illusoriamente protettivo.

Rompere questo silenzio fa bene, a patto che siano i protagonisti a farlo nei tempi e nei modi a loro più consoni.

Nel lutto in generale e soprattutto nel lutto perinatale i consigli, le direttive e le forzature sono non solo inutili ma anche dannosi ai fini di una buona elaborazione; così come i giudizi morali, etici e qualitativi (per esempio frasi del tipo: "questa reazione mi sembra eccessiva", "pensa a chi perde un figlio grande"). Pertanto i parenti e le persone che sono più vicini alla coppia dovrebbero evitare frasi di "consolazione" che potrebbero solo arrecare maggiori danni ("doveva andare così", "tanto avete/avrete altri figli", "per fortuna è successo adesso e non dopo", "era di poche settimane non era ancora un bambino" ecc.) è consono semplicemente limitarsi all'ascolto e agli abbracci e soprattutto non bisogna forzare i genitori a fare un qualcosa che ancora non si sentono di fare.

Il momento più difficile...

Per i genitori il momento più difficile inizia dopo la dimissione dall'ospedale, quello del ritorno alla loro realtà in una veste completamente diversa da quella attesa, e con la dura necessità di confrontarsi con il vuoto lasciato dalla morte di quel bambino tanto atteso: in quei momenti la realtà si presenta per quella che è ed insieme al dolore si avverte una fortissima necessità di essere accuditi e soprattutto di non essere lasciati soli.

In questa fase i genitori chiedono più o meno attivamente aiuto ai familiari, agli amici, al consultorio o all'ospedale.

Una volta che il dolore viene interiorizzato, condiviso, vissuto, questi genitori "speciali" scoprono di avere un grande cuore. Un cuore che permette loro di far posto a una nuova vita, di guardare avanti e di rimettersi in gioco, ma allo stesso tempo di tenere lì, di costruire dentro il loro cuore un posto speciale dove cullare il loro bimbo, i loro bimbi.

La perdita di uno o più gemelli

Nelle gravidanze multiple può accadere che durante la gestazione uno o più gemelli vada incontro alla morte. Tale evenienza può verificarsi anche in caso di parto prematuro (più frequente nelle gravidanze gemellari) e questa situazione per i genitori è un momento estremamente difficile e confuso, in cui la vita e la morte sono compresenti nello stesso momento temporale e si associano a vissuti decisamente contrastanti.

Quando uno dei due gemelli viene a mancare in utero i genitori possono provare emozioni contrastanti, dolore per la perdita e gioia per la presenza del bambino superstite, perché credono in questo modo di fare "un torto" al bambino che non c'è più.

Quando la perdita avviene in utero, questo processo è reso particolarmente difficoltoso dal fatto che il corpo del bambino deceduto resta in utero e va incontro ad un processo di riassorbimento o di macerazione che si concluderà soltanto al termine della gravidanza con la nascita del gemello sano e l'espulsione del sacco placentare e degli altri resti del gemello che non c'è più, e questo rappresenta una fase di difficoltà per il genitore che prova vissuti opposti e può faticare molto a gioire completamente o a soffrire completamente per la perdita.

Quando la perdita avviene dopo il parto (in seguito a parto prematuro o complicanze) il contatto con i due o più gemelli si è stabilito alla pari, i gemelli sono stati "riconosciuti" nella loro individualità ed è stato dato loro un nome.

Il ricovero in terapia intensiva è una situazione difficile da gestire per i genitori che devono affrontare il faticoso percorso della "maturazione" dei loro figli, attraverso una serie di complicanze legate alle prematurità che rendono incerto l'esito del ricovero.

In questa situazione i genitori vivono una sorta di "lutto anticipato", in cui stare accanto ai figli può essere estremamente difficile e notevolmente diverso dalle normali aspettative di cura dopo la nascita.

Il legame di attaccamento genitore-figlio che si sviluppa in terapia intensiva è infatti più difficile e doloroso, perché molti dei normali gesti che concretizzano questo legame alla nascita sono resi impossibili dalla situazione medica ed assistenziale.

Amore e dolore coesistono, insieme al timore della perdita e alla paura di non riuscire ad affrontare questo lungo cammino di incertezza.

I genitori avvertono la sofferenza dei loro figli, spesso provano sentimenti di colpa per non essere stati in grado di "proteggerli per il tempo necessario".

Dopo un aborto spontaneo è bene prendersi cura di sé anche dal punto di vista emozionale:

1. **Concedersi un periodo di lutto.** Molte donne vivono un senso di perdita dopo un aborto spontaneo, a prescindere da quanto fosse avanzata la gravidanza. Alcune hanno la sensazione che il bambino sia nato e poi morto e vivono un vero e proprio lutto, altre invece sentono solo un po' di rimpianto. Permettere a se stessi di piangere è una fase importante del processo di guarigione emotiva.

2. **Evitare la gente insensibile.** Le altre donne spesso non sanno come relazionarsi con chi ha vissuto un aborto spontaneo, a meno che non abbiano già vissuto la stessa esperienza. Possono non capire il profondo trauma e il senso di perdita e potrebbero fare dei commenti inopportuni. Evitare la loro compagnia, se possibile, fino a quando non si avrà la forza di gestire le loro osservazioni.

3. **Evitare la compagnia di donne incinte e di neonati fino a quando non ci si sentirà pronti.** Potrebbe essere molto doloroso partecipare alla gioia di un'amica incinta o giocare con i bimbi delle altre persone dopo un aborto spontaneo; concedersi del tempo prima di interagire con loro.

4. **Gestire la depressione.** Dopo un aborto spontaneo la depressione è un rischio reale. La perdita di appetito, l'insonnia, il cattivo umore, il senso di colpa e di disperazione sono alcuni sintomi. Parlarne con un medico è consigliato se si vivono queste sensazioni.

Tra le mamme le sensazioni più comuni riscontrate sono state le seguenti:

- Senso di ingiustizia.
- Ci si sente risucchiate da un buco nero.
- Si chiede del perché alcune cose succedono proprio a loro e non

ad altre mamme che vivono una gravidanza serena.

- Gelosia, sofferenza, rabbia e tristezza nel vedere passeggini con neonati e donne incinte.
- Donne che si sentono soffocate nel proprio dolore senza riuscire a trovare una via di uscita.
- Sensi di colpa verso il proprio bambino: avrebbero potuto fare qualcosa per evitare ciò? Perché quel bambino così unico e speciale forse poteva essere ancora salvato (anche se razionalmente non ci poteva essere più nulla da fare).
- Sintomi di depressione più o meno acuti.
- Alcune donne cercano di farsi forza cercando conforto nel confronto con altre donne che hanno vissuto la stessa esperienza. Altre cercano aiuto nella psicoterapia, si rifugiano nei farmaci per "anestetizzare il dolore". Altre ancora si rifugiano nel dolore e nella loro solitudine.
- Sono molte le donne che si chiedono dopo un aborto se anche loro avranno mai un pancione e un piccolo bambino che un giorno le chiamerà mamma.

Disponibilità di materiale di auto aiuto

La presenza di materiale di auto aiuto e la disponibilità di riferimenti telematici possono fare da supporto per una sana elaborazione del lutto:

- Scrivere un diario può essere molto utile... scrivere quello che si è vissuto, (quando ci si sente pronte a farlo) esprimere sensazioni, fissare i ricordi relativi a date e reazioni emotive è un passo "forte" e intenso. Può essere doloroso ma allo stesso tempo anche liberatorio.
- Avere dei rituali della memoria e dei simboli: molte donne hanno dato un nome al loro bambino, anche se quando lo hanno perso era così piccolo che ancora non era dato sapere se fosse un

maschietto o una femminuccia. In genere le madri sanno "chi era" quel bambino e dargli un nome è un modo per riconoscere la sua esistenza; è un modo per rendere reale e concreto il ricordo, per dire al mondo che lui è esistito e continua ad esistere per la sua mamma e la sua famiglia.

- Rendere onore alla memoria di quel bimbo che non ha visto la luce e per cui non ci saranno doni e feste di benvenuto può essere di aiuto per elaborare la perdita: celebrare un rito commemorativo, chiedere a parenti e amici di dedicargli un pensiero speciale o di accendere una candela. Il genitore ha l'impressione di fare qualcosa per quel bambino.
- Frequentare dei gruppi di auto aiuto composti da madri che hanno subito lo stesso lutto. Confrontarsi con altre donne condividendo emozioni e sensazioni è terapeutico.

Sono state identificate alcune fasi che rappresentano vari stati emotivi: -**shock**, stordimento, negazione dell'accaduto, rifiuto, negazione, congelamento emotivo, nel tentativo di bloccare l'inevitabile ("è un incubo" ...quando riaprirò gli occhi sarà diverso" ...). Si reagisce solo meccanicamente.

-**realizzazione** del fatto con disorientamento, confusione, senso di colpa (la colpa del proprio corpo, della propria gravidanza), paura anche delle sensazioni fisiche: spesso è presente dolore fisico intenso, pesantezza al torace, mal di cuore, difficoltà a respirare, palpitazioni, arti indolenziti.

-**protesta**, rabbia, risentimento, rancore (perché proprio a me!), sensazione di subire un'ingiustizia. La rabbia può intensificarsi per la percezione di perdita di controllo della situazione, incubi, flash back, per la mancanza di una possibilità di scelta o per non aver capito cosa stava succedendo. Può essere indirizzata verso una persona o un operatore.

-**disorganizzazione**. Depressione, solitudine, isolamento, apatia, perdita di interessi, sintomi fisici reali o irreali, odio verso le altre madri, difficoltà a gestire il rapporto con il partner (per modalità diverse di esprimere la sofferenza).

-RI-organizzazione. Disgelo emozionale, parziale accettazione, ricerca di nuove modalità di comportamento, ricerca del significato della vita e della morte, nuovi interessi e abilità, sofferenza ma senza angoscia. Lento ritorno alla quotidianità.

-elaborazione dell'esperienza, collocazione dell'esperienza nella propria vita, accettazione, adattamento alla vita senza la presenza di quel bambino, nuova forza interiore.

Più la perdita è reale, più memorie si hanno, più tempo e possibilità di parlare c'è, meno complicata sarà l'elaborazione.

Molti genitori affermano che la sofferenza è fortissima nei primi due mesi, dopo sembra meno terribile e attorno ai 6 mesi ci sono ancora momenti di tristezza intensa, ma va molto meglio. Alcuni genitori solo dopo 9 mesi o un anno hanno sentito di poter di nuovo sorridere.

Il senso di vergogna e di inadeguatezza

La sofferenza per la perdita di un bambino è diversa rispetto ad altre perdite perché ci si trova contemporaneamente di fronte alla nascita e alla morte, e la conclusione intima delle donne talvolta è quella di "aver creato morte"; questo si può tradurre come un senso di perdita della propria capacità di generare, di mettere al mondo una creatura: la paziente sente di aver fallito come donna, può odiare il suo corpo e in generale sé stessa per la sua incapacità.

Quando si scopre di aver perso un figlio la vita si ferma all'improvviso come sempre accade davanti alla morte: per un attimo anche il cuore della mamma sembra smettere di battere e quando riprende lo fa in modo diverso.

Come spesso accade dopo qualcosa di improvviso la vita riprende lentamente, per lo meno per il resto del mondo.

Ci sono momenti in cui si prova vergogna: vergogna per aver fallito in una cosa che per molte donne è semplice e naturale, vergogna per non essere state in grado di proteggere il proprio bambino e per non essersi accorti che qualcosa non andava.

"Ma il coraggio è anche questo
la consapevolezza che l'insuccesso
fosse comunque il frutto di un
tentativo. Che talvolta è meglio
perdersi sulla strada di un viaggio
impossibile che non partire mai"

Giorgio Falletti

Un Angelo tra noi

Voi sentite che un angelo è vicino a voi quando... ne sentite la presenza.

Forse avete avvertito un tocco caldo e leggero sul vostro viso, sulle vostre mani, sulle vostre braccia o sulle vostre spalle. Magari avete avvertito quella sensazione come se qualcuno vi stesse sfiorando con delle ali la pelle...

Quando un angelo vi abbraccia improvvisamente sentite un calore fluire nel petto e il vostro cuore si espande con un amore indescrivibile.

Avvertite la presenza degli angeli quando un amorevole sussurro vi urge a cambiare la vostra vita... quando una vocina vi dice di alzare lo sguardo e guardare le stelle o quando della musica arriva da non si sa dove.

Queste sono musiche degli angeli! Voi sapete che un angelo è con voi quando improvvisamente avete un'idea che vi trasforma la vita... quando camminate in mezzo alla natura e sentite gioia nel cuore, voi potete essere sicuri che gli angeli sono con voi.

Che voi crediate o meno alla presenza di queste entità celesti, sento di voler condividere con voi il fascino che mi hanno trasmesso sin da bambina angeli e la loro presenza.

Premetto che mi consola pensare che ci possa essere una vita dopo la morte forse perché questo darebbe un senso a molte cose, ma allo stesso tempo ci si ritrova a porsi domande a cui nessuno avrà mai risposta. In prima persona ne sono consapevole dato che di risposte sul perché devono morire dei bambini ancora prima di vedere la luce o subito dopo la loro nascita non ne ho. Ho cercato risposte ovunque (preti, psicologi, mi sono rifugiata anche nella preghiera, nell'oscurità della mia solitudine e nei miei pensieri più tristi) le mie domande erano tante ma... non esistevano parole di consolazione per me!

Queste entità celesti hanno continuato ad affascinarmi anche nei periodi più bui e tristi della mia vita, tanto che ho acquistato spesso dei libri che parlano di loro.

Sono descritti spesso come "nostri amici" che ci sono sempre vicino e sono sempre pronti a sostenerci a darci la forza e ad asciugare ogni nostra lacrima... sono vicino a noi anche quando gioiamo e siamo felici... ci sussurrano all'orecchio i loro suggerimenti ma non possono decidere per noi per la questione del libero arbitrio.

Da condividere con voi...

Tratto dal libro "La speranza degli angeli "- Lorna Byrne

Per quanto possa essere difficile crederlo, la vostra creaturina, già prima del concepimento ha scelto voi come genitori! Vi ha voluto sapendo tutto di voi, nel bene e nel male, vi ha preferito ad altri, pur sapendo che non avreste potuto essere i genitori migliori del mondo.

Non saprei dire per quale motivo le anime dei nascituri scelgono un genitore con particolari caratteristiche. Sappiate che i vostri figli vi amano già molto tempo prima di nascere.

In presenza di una madre che avrà un aborto spontaneo, molti angeli sono assiepati vicino a lei sapendo già che quella creaturina non vedrà mai la luce.

Quell'anima ha scelto quella madre e quel padre pur sapendo che non nascerà mai. Tutto ciò non è riconducibile ai suoi genitori ma al brevissimo transito terreno di cui quell'anima ha bisogno. Ciò non toglie che l'anima di quel bambino nutra un amore così profondo nei confronti dei suoi genitori da spingerlo a rimanere accanto a loro anche dopo l'aborto e alleviare la sofferenza di questa perdita. Questo piccino ama così tanto i suoi genitori, da garantire la sua presenza tutte le volte che ne hanno bisogno...

Parlare con loro come se fossero dei nostri amici...

Per parlare con i vostri angeli non c'è bisogno di preghiere specifiche o di porsi in un particolare modo. Dobbiamo soltanto rilassarci, metterci comodi e parlare semplicemente con loro come se fossero dei nostri cari amici, senza averne né timore né paura perché loro vogliono solo il nostro bene e desiderano solo vederci felici. Tra l'altro non aspettano altro che parlare con noi....

Ma non possono interferire con il libero arbitrio...

Purtroppo loro non possono interferire con il libero arbitrio degli esseri umani, non dipende da loro se succedono eventi traumatici che ci feriscono nella nostra vita.

Ognuno di noi (o al meno il 99,9% delle persone) è abituato a vivere in un mondo fatto di molte cose materiali, dal lavoro, alla continua ricerca di chissà che cosa, nel non riuscire a fermarsi mai anche solo per pensare pochi minuti a sé stessi. Così facendo ci dimentichiamo di loro e quindi ci allontaniamo sempre di più dal mondo spirituale che ci vive costantemente intorno.

Spesso non riusciamo né a "vedere" né a "sentire" ma loro esistono ogni secondo della nostra vita vicino a noi e la forza sia fisica che mentale che ci viene da dentro sono proprio loro a darcela. Gli angeli non ci abbandonano mai, non ci chiedono nulla in cambio anzi sono felici quando siamo noi a chiedere qualcosa a loro, che sia un aiuto o anche un consiglio sulla cosa più banale.

Essi sono i nostri amici, coloro che ci aiutano nella battaglia contro il male. Gli angeli vivono in un'altra dimensione e sono dotati di libero arbitrio. Comunicano con noi attraverso il linguaggio dei segni, delle emozioni e dei sogni.

Un valido aiuto su cui poter contare...

Gli Angeli Custodi ci possono mostrare l'amore davanti al caos apparente della vita e fornire soluzioni logiche ai nostri problemi: le ore di sonno sono spesso le più adatte ad avere nuove comprensioni e per crescere spiritualmente.

Molte persone hanno sogni psichici che prevedono il futuro oppure sogni che offrono consigli sulla famiglia, sulla casa o sulla carriera.

Voi potete sempre ricevere chiari consigli dagli angeli durante il sonno se li invitate nei vostri sogni... questo è molto importante quando volete comprendere meglio una situazione o quando cercate soluzioni creative, dato che le ore diurne vi fanno vedere le cose solo bianche o nere. Quando dormiamo invece lasciamo andare tutti i rigidi schermi di pensiero: gli angeli possono così più facilmente farci avere nuove idee e soluzioni perché siamo più aperti e ricettivi.

Prima di andare a letto prendetevi del tempo per rilassarvi e meditare. Poi affermate mentalmente o ad alta voce:

"Caro Dio e gli Angeli, per favore
entrate nei miei sogni questa notte e
datemi consiglio e nuove idee su ...
(dite la situazione che vi sta più a cuore
in quel momento)

Io vi chiedo di aiutarmi a ricordare queste idee e soluzioni chiaramente
non appena mi sarò svegliato/a.
Grazie. Amen.

Anche se normalmente non ricordate i sogni, questa potente affermazione cambierà la vostra coscienza così che voi possiate avere potenti, vividi e indimenticabili sogni nelle ore immediatamente precedenti il vostro risveglio. Vengono chiamati sogni lucidi ed è veramente difficile dimenticare questi sogni. Anche la persona che giura di non sognare mai, ricorda sogni del genere e i messaggi che lo accompagnano.

Gli Angeli possono anche guarire pensieri limitanti, credenze ed emozioni mentre dormiamo...

Un modo semplice per ottenere questo è di chiedere prima di andare a dormire.

Se vi sentite bloccati in qualsiasi area della vostra vita, scrivete questo messaggio su un pezzo di carta e mettetelo sotto il cuscino.

Ripetete la frase mentalmente tre volte mentre vi addormentate:

"Carissimi Angeli, vi chiedo di lavorare
con me durante il mio sonno questa
notte, per liberarmi da tutti i blocchi che mi
trattengono dal gioire della mia vita.
Per favore portate questi blocchi alla mia
attenzione o rimuoveteli
completamente dalla
mia mente, dalle mie emozioni e dal mio corpo
durante le mie ore di sonno

questa notte.
Grazie."

La mattina vi sveglierete rinvigoriti e con una consapevolezza che gli angeli hanno lavorato con voi tutta la notte.

Potrete anche non ricordare i dettagli del vostro lavoro notturno con gli angeli, ma lo sentirete profondamente. Potreste sentire la vostra testa strana, per la "ristrutturazione" avvenuta durante la notte. Questo perché avevate pesanti blocchi che vi impedivano di vivere la vostra vita e il vostro proposito di vita.

Vi sentirete grati per aver chiesto questo aiuto agli angeli e vorrete chiedere il loro aiuto ogni notte.

Ad ognuno il proprio Angelo Custode ma....

Ognuno di noi ha il proprio angelo custode e adesso a maggior ragione vi consiglio vivamente di crederci ancora di più... perché il vostro stesso bimbo è diventato un Angelo... questo piccolo Angelo lo avete creato voi che siete i suoi genitori.

Anche se al momento può sembrare difficile da credere lui vi proteggerà sempre e sarà da sostegno ai suoi fratellini che verranno o che fanno già parte della vostra famiglia.

SPAZIO DI AMORE E POESIE

Ti amo terribilmente
Se sbocciasse un fiore ogni volta che ti penso,
ogni deserto ne sarebbe pieno...
Potrei dimenticarmi di respirare,
ma non di non pensare a te...
Il grande amore non si può né vedere né toccare,
si può sentire solo con il cuore.
L'amore non dà nulla se non a sé stesso
non coglie nulla se non dà sé stesso.
L'amore non possiede né è posseduto:
l'amore basta all'amore.

Cara mamma,
io prendo tutto di te.
Totalmente.
Io ti prendo per madre
e tu puoi avermi come figlio.
Tu sei la grande
e io il piccolo.
Tu dai
e io prendo.
Cara mamma
sono felice che tu abbia scelto papà,
voi siete gli unici genitori adatti a me.
Solamente voi.

IL PIANTO DI UN PAPÀ

Nelle mani che stringono il vuoto,
nelle labbra che spezzano il sorriso,
nello sguardo che si posa ovunque e in nessun luogo,
nel timore inconfessato di un vuoto
che tutto inghiotte,
nel varcare la soglia di casa, e nel tornare a sera
inventandomi un sorriso,
inseguendo il ricordo di un figlio,
la speranza di un abbraccio,
la carezza per due cuori desolati.

Proprio come un fiore sei sbocciata
regalando a tutti gioia e felicità,
proprio come un fiore troppo presto
hai perso i suoi petali…
Adesso piccolo Angelo veglia su di noi
e aiutaci ad avere
coraggio…

Ci hai fatto compagnia per poche settimane,
dove ci hai fatto vivere emozioni bellissime.
Ovunque tu sia la mamma e papà ti saranno sempre vicini.
Veglia su di noi
e i tuoi futuri fratellini e sorelline.

In una fredda mattina di dicembre
resa soffocante dalle mie lacrime,
erano lacrime che mi toglievano il respiro.
Da quel giorno nulla è stato più lo stesso.
Ho dentro di me un vuoto incolmabile.
Nessuna ambizione può più aiutarmi.
Nessuna parola può confortarmi.
Vivo nella perenne sensazione di disadattamento,
non accetto più questo mondo,
tutto mi sembra futile, stupido, inutile
al cospetto della mancanza del mio bambino.
La mia esistenza è un grido soffocato.
Non ho più voglia di lottare.
La mia spinta era l'idea che doveva arrivare lui.
Ora vedo solo il buio!

Non ho mai udito il suono della tua voce,
non ho mai sentito il tuo pianto,
o il dono di potermici perdere dentro.
Non scorderò la morbidezza della tua pelle, il suo odore,
né dimenticherò mai l'infinita gioia
di averti potuto stringere tra le mie braccia.
Sarai sempre nel mio cuore e nei miei pensieri.
In ogni mio attimo,
per la vita,
tu mi accompagnerai sempre.

Dormi fanciullo nostro,
sotto le annose querce che furono tue e
degli avi tuoi...
E la tua culla argentea, come una navicella,
solca tranquilla l'etere,
vola di stella in stella, vogano lieti gli angeli,
tu dormi in mezzo a lor
dormi, sì,
dormi placido...

Mio piccolo angelo,
sei tu che segui con amore i miei passi
sei tu che mi sostieni nei momenti di
sconforto e disperazione
sei tu che con amore asciughi le mie lacrime
sei tu che mi prendi con mano
affinché io non cada
sei tu che con amore mi guardi
sei tu a gioire di più dei miei sorrisi
sei tu che in ogni istante... minuto...
ore della giornata mi sei accanto
sei tu che con amore mi guardi mentre
annaspo nel caos della vita...
Sei tu che ogni mattina mi svegli con un bacio
e la notte apri le ali per riscaldarmi il cuore
sei tu il mio angelo, quello che mai mi abbandonerà,
quello del mio cuore e della mia anima...
Sei tu che mi aspetterai alla fine del mio viaggio...
Quel giorno ci rincontreremo per non lasciarci mai più...

Il più bello dei mari è quello che non navigammo.
Il più bello dei nostri figli
è quello che non è ancora cresciuto.
I più belli dei nostri giorni non
li abbiamo ancora vissuti.
E quello che vorrei dirti di più bello
non te l'ho ancora detto.

Un gelido soffio di vento
ti ha perduta
sottratta ad un amore che già ardeva
come fiamma viva
nei cuori di chi
ha cercato di darti la vita.
Mai ci sarà conoscenza
mai l'incrociarsi degli sguardi
mai lo scrutare nel profondo degli occhi.
Nel nostro ricordo stai vivendo
e vivrai per sempre.
Del nostro amore ti nutri
e con esso ti perpetui.
Di luce divina adesso risplendi
lontana dal male di chi
non volle donarci
il tuo sorriso...
A te piccolo angelo perduto...

La tua vita è durata solo un soffio,
ma per me sarai sempre il mio caro bambino
e ti porterò sempre nel mio cuore…
e la notte il tuo dolce visino brillerà tra
le stelle più belle e splendenti del cielo….

Ricordati di me quando volerai nel vento…
Ricordati di me quando la tua luce brillerà tra le stelle…
Ricordati che quaggiù ci sono io, la tua mamma
che tanto ti ama e di te mai si dimentica…
Ricordati di venirmi incontro quando quaggiù
sarà scaduto il mio tempo…
Ricordati appena mi vedrai
di stringermi forte forte
nel tuo abbraccio che tanto mi manca…
E poi…
io e te per sempre e non lasciarci mai….

Piccole rondini, nate nell'alba,
i vostri occhi non hanno mai visto la luce.
Un'ultima carezza…
e via siete volati nell'abbraccio gioioso di Dio.

Sei entrato nella mia vita,
riempendola di gioia.
Sei stato in me e con me
ad ascoltare i miei sogni e progetti,
condividendo lo stesso respiro.
Troppo presto sei stato chiamato alla vita reale
senza la possibilità di emettere un vagito,
senza una lacrima.
Hai lottato per la vita con tutte le
tue forze e noi con te.
Ma lassù avevano bisogno di un angelo
e così hai risposto tu alla loro chiamata
lasciandomi qua
tra le lacrime e l'impotenza.
Sei stato e sarai sempre
il mio meraviglioso cucciolo
che io non ho potuto proteggere
neanche con un abbraccio.
Un giorno, lo so,
riuscirò a cullarti tra le braccia
come una brava mamma.
Vivrai sempre nel mio cuore

A DIO...

"Addio!"
è il più bel saluto che possiamo dare
ad una persona che amiamo:
che possiamo dare ai nostri figli.
"Addio" cioè "ti affido a Dio!"
Ti affido a Dio perché
è l'unica maniglia che regge.
Dio non è virtuale: è reale.
Non farà mai le valige dalla terra.
Ti affido a Dio perché Dio ti ama
e ti mette voglia di amare.
Ti affido a Dio perché non è uno spione,
non è un rompiscatole.
Dio è un ragazzo in gamba
sempre in giro per il mondo.
Ti affido a Dio
perché Dio è l'abbraccio universale:
abbraccia tutto e tutti.
Abbraccia anche te.
Ti affido a Dio
perché con Dio fa meno paura morire.
Dunque, eccoti la parola più bella, più alta,
più preziosa che possa uscire dalla mia labbra:
"Addio": "Ti affido a Dio".

Ammetto che inizialmente non me la sentivo di scrivere un capitolo che parlasse di aborto volontario... specialmente nei momenti successivi alla perdita del mio bambino per un aborto spontaneo... Mi sono chiesta molte volte perché a chi desidera dei figli Dio o il destino glieli porta via lasciando un vuoto che dura per tutta la vita... mentre chi potrebbe avere una gravidanza sana non li desidera (anche per cause gravi) decidendo di praticare un aborto volontario...

Attraverso alcune mie riflessione ho deciso di dare voce a questo capitolo, nella speranza che qualcuno (se ancora in tempo) leggendolo, abbia la possibilità di rifletterci anche una sola volta con la speranza che una creatura innocente non muoia ingiustamente.

Non tutti saranno d'accordo col mio pensiero, ma ho con tutto il cuore la speranza di poter portare a riflettere le molte donne che per qualsiasi motivo hanno pensato, o stanno pensando all'aborto volontario.

Per aborto volontario (L.V.G) si intende l'interruzione spontanea della gravidanza...

A tutti quelli che hanno pensato o pensano di ricorrere all'aborto volontario dico di riflettere, che quelle che vengono definite "cellule" sono in realtà una forma di vita che ha un'anima, che ha scelto dal Paradiso proprio voi come genitori nonostante sapesse di non essere voluto!

L'embrione è una persona, il feto che sta dentro la pancia della mamma è una persona... chi nega questo è talmente anestetizzato da non riuscire più ad accorgersi della mostruosità del nostro tempo e del nostro mondo!

Non c'entrano nulla le motivazioni politiche o religiose come qualcuno vorrebbe far credere, ma si tratta solo ed esclusivamente di usare la ragione e di guardare la realtà per come essa è. La vostra piccola creatura non ha chiesto di venire al mondo e ancor prima che ve ne accorgiate ha già un microscopico cuoricino che incomincia a battere forte forte.

La Chiesa sa quanti condizionamenti possono aver influito sulla vostra decisione, e non dubita che in molti casi s'è trattato di una decisione sofferta, forse drammatica. Probabilmente la ferita nel vostro animo non si è ancora rimarginata; in realtà quanto è avvenuto è stato e rimane profondamente ingiusto.

Aspetti psicologici

Nelle donne e nelle coppie che compiono questa scelta vive spesso un doppio lutto: di perdita e di scelta di perdita, intimamente vissuto e solo raramente condiviso e condivisibile.

Si tende a pensare che chi sceglie di abortire abbia una consapevolezza tale da non provare sentimenti luttuosi e si fatica a comprendere che questa scelta, pur essendo "razionalmente" volontaria, è comunque emotivamente sofferta e può essere vissuta come scelta "indesiderabile".

Le donne sperimentano per molto tempo un intenso vissuto di colpa che le accompagna per anni; dopo l'aborto la psiche femminile è maggiormente vulnerabile allo stress psicofisico ed è stata descritta come una vera e propria sintomatologia da lutto complicato.

I sintomi più frequenti di questa sindrome sono aspetti depressivi, sintomi tipici del panico, disturbo del comportamento alimentare o disturbi da uso di sostanze. Nel caso del lutto post abortivo questo rischio aumenta soprattutto se al momento della scelta e nel periodo immediatamente successivo sono mancati il supporto del partner e dei famigliari.

Il lutto post abortivo è in realtà un lutto plurimo perché le "perdite" da affrontare sono molteplici e strettamente concatenate le une alle altre; la donna sperimenta sofferenze diverse su piani diversi che riguardano l'interruzione della relazione con il bambino, una frattura tra il prima dell'aborto e il dopo, rispetto al suo modo di sentire e percepire la realtà, ma anche di giudicarsi e di valutare le sue reazioni.

Insieme all'aborto avviene una "rivoluzione" fatta di perdite e di ricostruzioni, di fratture e di riparazione.

Molte donne, quando scoprono di dover affrontare questa scelta, riportano uno stato di panico e di allarme misto a vergogna e a timore di aver fallito totalmente come persone e rischiano di decidere in modo "dissociato", mettendo una sorta di "pilota automatico", guidate più dalla paura che da una consapevole libertà: il senso di perdita e di lutto sarà tanto più forte quanto più la scelta sarà stata pilotata dall'esterno, senza tenere seriamente in considerazione il parere della donna (casi di donne minorenni "se lo tieni vai fuori casa" o "come pensi di essere responsabile per avere un figlio?" Di mogli o fidanzate ricattate psicologicamente dai compagni: "se tieni lui, me ne vado io!").

I sentimenti che si provano dopo un aborto spontaneo

Non necessariamente le emozioni e i diversi passi del lutto avvengono nella stessa intensità e durata per tutti.

Nel caso dell'aborto i periodi più difficili sono quelli vicini a date significative e ricorrenze (come la data dell'interruzione della gravidanza, e la presunta data dell'intervento).

Una donna che interrompe la gravidanza soffre sia per la perdita del bambino sia per la perdita di una parte della propria immagine come persona (nei diversi ruoli di figlia, donna, compagna, cittadina, appartenente ad una comunità religiosa ecc.). La "perdita" di queste identità precedenti è spesso responsabile di una cattiva elaborazione del lutto e espone le donne al rischio di lutto complicato, soprattutto sul versante depressivo e di condotte autolesive.

A livello sociale, familiare, culturale e religioso il tema dell'aborto si accompagna ad una fitta rete di opinioni, giudizi e pregiudizi; una decisione presa sull'onda della vergogna, della colpa o della paura.

Pena, rabbia, colpa, rimpianto, perdita di interesse per la realtà circostante e stato di abbandono sono tra le emozioni più frequenti e destabilizzanti.

La perdita può risvegliare vissuti di abbandono che risalgono a precedenti vicende luttuose; è preferibile far riemergere queste emozioni e cercare di riconoscerle: non esistono sentimenti rispettabili o deprecabili; tutte le emozioni belle o brutte che siano. Solo così si cresce spiritualmente.

Abuso di sostanze dopo L.V.G

L'impatto negativo dell'L.V. G sulle dimensioni emotive della donna induce purtroppo all'uso di sostanze. Diverse ricerche hanno messo in evidenza che una storia di L.V.G è associata ad un incremento del 6,1 % dell'abuso di sostanze nelle donne di cui l'89% inizia l'abuso entro tre anni dall'aborto; le sostanze utilizzate possono essere di vari tipi: sigarette, cocaina, marijuana ed altre droghe illegali. In un caso le sostanze vengono utilizzate per alleviare lo stress: ciò significa che le donne che soffrono di disturbi psicologici sono più predisposte ad usare o abusare di droga o alcool per gestire l'ansia. Il Disturbo Traumatico da Stress generalmente precede l'inizio del Disturbo da Abuso di Sostanze.

Un aiuto psicologico...

Gli stati d'animo saranno alternanti: ci saranno giorni bui e momenti in cui invece sembrerà impossibile smettere di soffrire.

Nel tempo emozioni e pensieri luttuosi torneranno a riapparire ma ogni volta in maniera più leggera e con una durata più breve; in quei momenti è meglio avere più cura di sé stessi e cercare aiuto servirà a proteggersi e a mantenersi in salute.

Per non lasciare conseguenze psicologiche e ferite profonde il lutto dovrebbe essere lasciato libero di fare il suo corso, trovare spazio di sostegno e condivisione, essere un momento di svolta e di maturazione personale e non l'espiazione segreta e silenziosa per una colpa per cui non c'è perdono. Qualsiasi cosa vi passi per la mente prima di agire fatevi aiutare perché non c'è mai stata nessuna donna che ha abortito e che poi abbia detto di essere felice per la sua scelta.

Molte donne vanno ad abortire in segreto e mantengono il segreto non solo dell'evento ma anche del lutto che ne deriva per anni, addirittura per tutta la vita: molte si liberano dal lutto solo dopo aver trovato la forza di condividerlo con altri ed è sorprendente come la condivisione riesca velocemente a liberarle da un peso rimasto inalterato anche per anni.

Per elaborare il lutto è necessario accettare l'esperienza vissuta e acquisire il giusto rispetto per sé stessi; non si tratta di razionalizzare l'evento, ma di vivere col dolore mentale tenendolo accanto senza sentirsi sopraffatti da ciò.

Cercare di eliminare completamente questo dolore non fa altro che peggiorare il lutto!

L.V.G è correlato all'insorgenza di sintomi depressivi come umore triste, insonnia, difficoltà di concentrazione, disturbi sessuali e problemi relazionali con il partner, episodi di pianto improvviso ed incontrollato, perdita della stima di sé, perdita dell'appetito e perdita della motivazione.

Il 30/50% delle donne va incontro a problemi di natura sessuale, a breve o lunga durata, che iniziano subito dopo l'aborto spontaneo. Essi comprendono: perdita del piacere nei rapporti sessuali, dolore, avversione verso il sesso o verso gli uomini in generale.

Per concludere questo argomento così delicato consiglio vivamente a tutte le donne e madri di confrontarsi e parlarne con chi ha vissuto la stessa esperienza o se si preferisce chiedere l'aiuto e l'assistenza di psicologi anche tramite un consultorio familiare

Faccio parte di un gruppo di auto mutuo aiuto online e molte di queste donne sostengono di riuscire ad affrontare il lutto con meno dolore perché riescono a sfogare e dare voce alle loro emozioni e sentimenti, cosa che è molto difficile da fare con chi non ha mai vissuto un dolore simile.

L'aborto: come viene affrontato dalla coppia

Come un aborto spontaneo cambia la coppia

Dai risultati delle ricerche emerge che due terzi delle donne che hanno perso un bambino a seguito di un aborto spontaneo, affermano che il loro rapporto con il partner è migliorato, la coppia è più unita grazie a questa terribile esperienza che segna ma consolida.

La percentuale rimanente, invece, sostiene che il rapporto è peggiorato in quanto l'aborto spontaneo ha reso il partner più distante.

Sembra che la mancata nascita di un bambino possa stimolare il rapporto di coppia o al contrario far emergere l'incapacità di sostenersi a vicenda nei momenti di difficoltà.

Alcune coppie sono più "agevolate" rispetto ad altre nell'elaborazione del lutto.

In alcuni casi ci sono donne che avendo avuto già altri figli prima dell'aborto spontaneo accettano meglio la perdita e affermano che il rapporto con il compagno sia rimasto invariato o migliorato.

Le relazioni dopo un aborto

Chi soffre in seguito all'esperienza di un aborto cercherà di allontanare o seppellire le proprie emozioni dolorose e di lasciarsi l'evento alle spalle.

Questo dolore sepolto chiamato "lutto complicato" (poiché non espresso) trova sbocchi autodistruttivi di dipendenza salutare, in atteggiamenti compulsivi, in disordini alimentari, in abuso di alcool e droga, nell'ansia, nella depressione e nell'ossessione per il lavoro, per fornire uno scudo contro il dolore provato.

Questi sintomi possono avere un significativo impatto sulla vita di coppia e familiare creando ferite sia dal punto di vista relazionale, sia dal punto di vista spirituale.

La sofferenza è spesso tenuta segreta; il dolore viene "congelato" e il bambino diventa un segreto tra lui e lei. Molte volte all'interno della coppia non se ne parla, si pensa che non dire significa non pensarci e quindi superare il dolore e smettere di soffrire! In realtà è proprio il contrario: per superare il lutto bisogna entrare all'interno delle emozioni, tutte quante (rabbia, tristezza, paura, vergogna ecc.). Quando si tende a non parlarne anche il rapporto di coppia subisce delle ripercussioni e spesso si "raffredda" anche nell'intimità, apparentemente senza motivazioni.

Quindi parlate tra di voi, non c'è niente di meglio che raccontare e condividere le vostre emozioni con il vostro partner; superata questa fase di lutto, sarete ancora più uniti!

Per quanto la coppia possa essere stata unita nel progetto di mettere al mondo un figlio e anche nel lutto che ha posto fine a tale progetto, la modalità di vivere il dolore può essere differente... Naturalmente è la donna a vivere nel suo corpo i segni della gravidanza e il compagno deve cercare di comprendere anche atteggiamenti apparentemente incomprensibili o comunque diversi da quanto si sarebbe aspettato dalla propria partner.

In questa fase così delicata della vita di coppia può essere davvero importante investire tutte le energie nella coppia stessa!

Ovviamente quando si attraversa la fase più acuta del dolore tutto ciò può risultare complicato perché non solo si è in una fase di shock travolti da un vortice di emozioni negative, ma si ci sente come se non si hanno più le forze per reagire a nulla. Talvolta anche prendersi cura di sé stessi risulta difficile.

Per questo è importante sostenersi a vicenda col proprio partner e aprire il vostro cuore esponendo tutte le vostre sensazioni e i vostri pensieri in qualsiasi momento perché il silenzio può creare "incomprensioni" difficili da gestire all'interno di un rapporto.

La coppia spesso vive la perdita in maniera differente e si possono esprimere emozioni o pensieri molto diversi tra loro; questo non significa né essere distanti né non amarsi abbastanza, significa soltanto utilizzare differenti meccanismi per affrontare l'evento e superarlo.

Aborto spontaneo e morte perinatale per i papà

L'aborto non si limita ad uccidere il figlio concepito, e lasciare nella donna pesanti conseguenze sulla salute fisica e psichica, l'aborto colpisce anche il padre del figlio abortito, intaccandone l'essenza della mascolinità e provocandogli conseguenze psicologiche varie, anche gravi.

Diversi studi riportano che nell'uomo esiste una reazione negativa all'aborto simile a quella riscontrata nella donna. Questa esperienza è stata chiamata trauma post abortivo maschile: una reazione a catena che erode l'identità personale maschile, da un lato diminuendone l'autostima (pensieri del tipo: "non valgo nulla perché non ho saputo impedirlo"), dall'altro soffocandola col senso di colpa che ne deriva ("è colpa mia, l'ho voluto io", ecc.).

Anche un papà soffre, soffre nel vedere la propria compagna che ama soffrire così tanto per la perdita di quel bambino così atteso e non sa cosa fare per farla sentire meglio; è possibile che gli uomini sperimentano lo stesso tipo di emozioni delle donne dopo l'aborto ma a causa delle differenze psicologiche tra i sessi hanno difficoltà a tradurre le loro emozioni in parole...

Lui stesso tende a pensare che possa aggravare la sofferenza della donna se prende l'iniziativa di parlarne o se condivide i suoi sentimenti e prevale la convinzione che lui deve essere forte e deve superare velocemente il dolore; il padre spesso si tuffa nel lavoro o in attività pratiche e il suo coinvolgimento col lavoro e col ruolo di sostentamento familiare diventa determinante.

Una madre e il suo silenzio...

Ogni mio giorno vissuto, mostra un cuore grande che è sempre stato pronto a farmi diventare madre e a dare al mio bambino tutto l'amore possibile.

Ho visto il mio sogno realizzarsi una mattina di novembre del 2014... quasi incredula e con le mani che mi tremavano per l'emozione ho visto apparire quelle due linee... da quel momento mi sono sentita già mamma e sapere che dentro di me c'era una vita mi ha fatto scoppiare il cuore di gioia.

L'ho amato sin dal primo istante e da subito ho provato un forte istinto materno.

Ho iniziato a scrivere questo libro appena un mese dopo l'aborto... sentivo il bisogno di dare forma ai miei pensieri, alle mie emozioni, ai momenti di dolore.

Ho iniziato a cercare nelle librerie, nelle biblioteche dei testi che trattassero l'argomento dell'aborto spontaneo, ma nulla, non sono riuscita a trovare nessun libro. Mi sono chiesta molte volte come mai si parla tanto di argomenti futili, senza senso, mentre l'argomento aborto nel 2015 rimane ancora un tabù... Così un pomeriggio, seduta in un bar davanti ad una tazza di caffè, mi è venuto istintivo prendere una penna in mano e scrivere parole su parole.

Ci sono stati dei momenti in cui il mio dolore era talmente forte da non riuscire a trovare le parole giuste per esprimerlo: con il passare del tempo il progetto di questa scrittura diventava sempre più importante per me...

Nei momenti di solitudine ho trovato nella scrittura di questo libro un forte senso di consolazione, la scrittura dava senso alle mie giornate, dato che un motivo ormai per andare avanti lo avevo perso...

Ci sono dei giorni in cui faccio delle lunghe passeggiate e ricerco il suo saluto in un tramonto... facendomi abbagliare da quella luce così intensa, come intensa è la sofferenza che provo per lui.

A distanza di mesi il dolore non cambia, rimane sempre forte ed intenso... con l'incredibile forza d'animo con cui noi donne riusciamo a gestirlo col passare del tempo; ma leggendo nel mio gruppo di sostegno di alcune donne con le loro testimonianze, le domande che mi pongo sono sempre di più... da dove deriva tutto quel coraggio di vivere dopo aver tenuto il proprio bambino morto tra le braccia? Ci sono spiegazioni religiose a tutto ciò o è solo la natura che ha fa suo corso?

Ovviamente ho cercato risposte ovunque: tra le letture, attraverso l'aiuto dei preti, che hanno opinioni diverse al riguardo; alcuni di loro sostengono che sia opera del disegno di Dio che quel bambino non era destinato a rimanere sulla terra ma doveva attraversare una breve vita terrena per divenire un angelo e stare vicino a Dio, altri sostengono che Dio non permetterebbe mai questo e che è successo solo per una questione naturale riguardante il corpo di noi mamme o del bambino stesso...

Scrivendo queste pagine piene di amore penso in cuor mio di far rivivere il mio bambino in ogni parte di questo libro...

Portare un pezzo di lui nel cuore di ogni donna mi fa sentire ancora di più una mamma speciale. Imparare a sentirlo nell'ovunque, negli occhi di un altro bambino, in un fiore in un tramonto...

Ho lasciato andare verso Dio la sua anima perché so che vicino a lui è al sicuro e di certo starà bene... ma sono pur sempre una mamma e in una piccola parte del mio cuore e della mia mente adoro poterlo sentire e vedere in qualcosa di concreto in queste giornate che scorrono velocemente....

Avrei voluto che tutto ricadesse su di me, qualsiasi cosa brutta della vita, solo per poter permettere a mio figlio di fargli vedere la luce e sapere che crescesse sano e in salute...

Adesso che sono mamma lo so: avrei dato la mia vita per questo!

Riesco a sentirlo dentro di me con la certezza che non esiste sofferenza più grande come quella di perdere il proprio bambino; naturalmente da mamma vorresti vederli prima crescere in salute e in serenità: ma quando questo non avviene noi mamme assistiamo ad una perdita che va contro natura perché dovrebbe essere il contrario: sono prima i genitori a doversene andare...

Tutto questo mi fa sentire incompleta sia come donna che come mamma (soprattutto quando vedo mamme felici con i loro piccoli).

Perdere tutto ingiustamente porta in determinati momenti a fissare il vuoto quasi con incredulità, con la mente affollata dai mille perché... Anche gli occhi riescono a vedere solo quello!

Tornare ad essere la persona che ero prima non mi interessa, mi rattrista perché comunque mi sento molto più evoluta spiritualmente (beh in genere i dolori portano a questo) e invasa da questi pensieri e dal fatto che la cosa più brutta è proprio dover pensare di non esserci mai stati, di non essere mai esistiti in questo mondo e se un essere umano (sia dal giorno del suo concepimento o durante la sua vita o la vecchiaia) muore vuol dire che è nato, che è uscito dal niente.

Nell'attimo in cui si è concepiti non si esiste come persone ma come anime formate fisicamente da cellule che si moltiplicano, e questo concetto mette in discussione il pensiero dei non credenti verso Dio e il Paradiso... ma se solo si potessero esaminare con un microscopio quelle piccole cellule, che per molte persone risultano essere insignificanti, sarebbero capaci di vedere e credere al di là del visibile e allora sì che a quel punto si metterebbero in ginocchio credendo...!

La paura a volte dà vita a pensieri brutti e pericolosi. Pensieri brutti come la paura di non riuscire a sopportare il dolore... di riprovare lo stesso dolore che lacera l'anima.

...ma continuo a ripetermi che mai e poi mai bisogna arrendersi dinnanzi al sogno... a questo forte desiderio di diventare mamma perché sarebbe questa la vera sconfitta, il vero fallimento... In fondo chi più di noi merita di poter cullare il nostro bambino tra le braccia?

Purtroppo i dubbi e le paure fanno parte del nostro quotidiano.

Tutti noi meritiamo di essere non solo "mamme speciali" ma anche mamme di bambini da tenere tra le braccia, e saremmo le mamme migliori perché sappiamo quanto dolore, quanta attesa ci è voluta per arrivare a quella gioia.

Solo chi vive e ha vissuto un trauma del genere sa comprendere pienamente il significato di queste mie parole.

L'amore trasforma e guarisce. Talvolta però ci riserva trappole mortali e finisce per distruggere chi decide di concedersi totalmente ad esso... Io per esempio ho sempre messo l'amore e la famiglia tra le priorità della vita, proprio perché è vita e dà un senso a tutto, e mi chiedo: com'è possibile che una cosa così bella sia benevola e devastante allo stesso tempo? Eppure sono proprio le contraddizioni a far crescere l'amore! Nei momenti di solitudine in cui sembra che nulla abbia più senso, l'unico modo per continuare ad andare avanti è proprio questo: aggrapparsi all'amore sotto qualsiasi forma esso si presenti (o che sia un uomo, un fiore, un animale, gli amici o i famigliari) anche se questo potrebbe condurre ad un fiume di lacrime, ma le lacrime parlano e quando crediamo di averle versate ormai tutte continuano a sgorgare. Il pianto non solo è liberatorio per la nostra anima ma aiuta a mantenere spalancate le porte del nostro cuore nonostante la sofferenza.

A volte si tende a restare col proprio dolore, si vuole che la propria intimità venga "protetta" anche dalle parole altrui... parole che possono fare ancora più male e che possono aggiungere dolore su dolore! Questa solitudine ammetto che a volte è piacevole, come quando camminando guardo il sole nel suo splendore, un albero e provo gioia per ciò che vedo, che posso toccare e che è reale. È attraverso queste piccole cose che i nostri bambini ci stanno vicino o vogliono semplicemente mandarci un saluto. Sta solo a noi saper cogliere questi attimi.

In alcuni momenti mi chiedo se esiste uno spiraglio per liberarsi dal destino che impone la vita nei suoi momenti più difficili... La vita a volte ci mette tremendamente alla prova! Forse nel susseguirsi claustrofobico dei pensieri qualcuno riesce ad intravedere un gradino un po' più alto e con tutte le sue forze cerca di arrivarci... spero tanto di farcela anch'io.

Ma chi l'ha detto che il tempo cancella il dolore? Chi l'ha detto che il tempo guarisce?

Forse il tempo aiuta a gestire meglio il dolore, ma non guarisce né può mai cancellare la perdita di un figlio.

A volte il dolore torna irruento, altre volte è lieve, ma è lì ad aspettarci.

Il tempo trasforma il dolore in silenzio... e a volte anche il silenzio può diventare assordante. Il tempo può cancellare solo il dolore di una ferita provocata da una caduta ma mai potrà cancellare il dolore di alcune assenze.

Ci sono verità che portano con sé un senso di liberazione e altre che impongono il senso del tremendo come quella maledetta frase che continua a rimbombarmi in testa: "non c'è più battito" ...!

Fingere che tutto vada bene per non far soffrire le persone che ci stanno vicino... Fingere che si sta affrontato bene il lutto: in molti pensano che ho un carattere forte... ma loro cosa ne sanno? Cosa ne sanno loro di cosa si prova a portare una vita in grembo viva e poi vedere finire tutto con la sua morte? L'estromissione delle persone dal senso di dolore che si prova fa arrabbiare... quindi cari amici, cari parenti se volete cercare di aiutare la persona che soffre e che sta male a causa di un aborto è semplice: non parlate, non commentate e non giudicate; limitatevi semplicemente ad abbracciarla ed evitate assolutamente parole di conforto che fanno solo più male che bene (per fortuna che è successo adesso, sei ancora giovane avrai altri figli), alla madre che ha perso il proprio bambino non gli importa nulla di queste parole perché un bambino proprio QUEL bambino non c'è più. Limitatevi solo ad un abbraccio che a volte vale più di mille parole ingarbugliate piene di gaffe messe insieme l'una dietro l'altra... in tal mondo evitate imbarazzi allucinanti!

Ho dovuto continuare la mia vita, rispettare le regole, far parte di una buona comunità ed essere educata, trattenere l'angoscia alla vista di neonati e passeggini quando mettevo il naso fuori di casa, annuire ai commenti della gente sulla mia (ormai passata) gravidanza accennando piccoli sorrisi per non far capire loro che avrei potuto avere un crollo emotivo da un momento all'altro.

La mia solitudine ha origine non solo dalle innumerevoli domande che mi ponevo (ma delle quali ovviamente non ricevevo nessuna risposta) ma anche dallo sforzo di fingere di essere ciò che non ero: ho dovuto risolvere ogni enigma della mia vita con le mie sole forze!

I giorni, le settimane e i mesi che passano e questo maledetto tempo che continua a scorrere lasciandomi da sola e sempre più lontana fisicamente dal bambino che tenevo dentro di me, nel mio grembo; si evolvono le situazioni... e le stagioni cambiano; infatti stanno iniziando le belle giornate e nelle mie lunghe passeggiate guardo quel sole abbagliate che per me è il saluto del mio bambino.

Entrando in un centro commerciale, la folla e i pensieri negativi iniziano ad accumularsi allo stesso modo in cui un macigno si appoggia sul cuore che diventa dolorante e pesante: conseguentemente a queste sensazioni, accompagnate dal panico e dall'ansia alla vista dei bambini, tendo a stento a distrarmi e continuo a guardarmi intorno, noto tutte quelle persone che vanno di fretta con i loro mille pensieri in testa, le loro innumerevoli preoccupazioni, i loro abbracci e i loro sorrisi... ma poi, io lo voglia o non, ci sono anche loro: quei bambini dentro la culla o in braccio alle loro mamme che li sorreggono o li allattano come avrei da sempre desiderato io di fare...

La presunta perfezione di quel genere di vita che mi ero prefissata di avere mi fa sentire inadeguata sia come madre sia come donna, e sento che la mia solitudine è il prezzo che devo pagare.

Saper osservare davvero col cuore e una maggiore sensibilità sono doti che purtroppo in pochi hanno... una sensibilità che viene purtroppo offuscata dai pensieri, dai problemi e dalla vita frenetica di ogni giorno... siamo diventati come delle macchine che fanno tutto automaticamente senza fermarsi per un solo momento a pensare: ma cosa ne sto facendo della mia vita? Cosa voglio davvero da tutto questo rumore che mi circonda? Questa vita continua a correre, e dire "basta" a tutto questo diventa sempre più difficile sia per disabitudine che per educazione ma anche perché molte persone danno più importanza a ciò che in realtà è superficiale...

Tutto questo delle volte non ci permette di interpretare quei segnali che i nostri bambini ci mandano con il loro amore, sussurrandoci che ci amano e ci sono vicini in ogni momento, sia in quelli di tristezza e di sconforto, sia in quelli di tranquillità.

Ho imparato, dalla sofferenza di questi ultimi mesi, che in questo ciclo di vita non ci sono né vincitori né vinti ma soltanto delle fasi che devono venire a compimento: solo se il cuore di un essere umano comprende un simile meccanismo può definirsi libero, (comprenderlo è difficile, lo so, a volte faccio fatica anche io in questo) ma sentirsi liberi significa accettare con coraggio i momenti difficili senza lasciarsi trarre in inganno dai momenti belli. Ciò che vale per l'amore vale anche per la lotta: perdere tutto ciò che crediamo di possedere, ci fa sprofondare in momenti di vera tristezza ma poi, una volta superata la fase critica, riscopriamo in noi una forza che ci sorprende e che accresce la nostra autostima. Chi perde un figlio e riesce a gestire il dolore ha una ricchezza spirituale e una forza di volontà superiori a quelle di altri!

Ci guardiamo intorno e diciamo a noi stessi: "sono sopravvissuto a tutto questo" rallegrandoci per queste parole.

Ascoltando i battiti del nostro cuore percepiamo la tensione che ci affligge e ci rendiamo conto della paura che piano piano prende possesso del nostro corpo e della nostra mente, tracciamo una specie di "bilancio" della nostra vita e nonostante questa paura, scatta in noi una forza ancora più grande: la forza della vita, che ci spinge a lottare e che in fondo possiede ogni essere umano. Quindi è necessario prendersi una pausa, riposarsi e curare le ferite, per elaborare nuove strategie, per procurarsi armi migliori senza aver fretta di guarire dal dolore emotivo.

RINGRAZIAMENTI

*Al mio compagno di vita Andrea, con cui ho condiviso
la parte più significativa della mia vita
A mio figlio, che è il primo Angelo conosciuto in questa vita
Alla mia evoluzione spirituale
e a tutte quelle donne che hanno vissuto il dramma più grande
che può vivere una donna:
la perdita del proprio bambino.*

*Un ringraziamento speciale va a mio figlio Angelo,
volato in cielo troppo presto ma che per la sua mamma
si è dato un gran da fare anche dal paradiso!
Grazie bambino mio per avermi incoraggiato a scrivere questo libro e
per avermi dato la forza ogni volta che pensavo di non farcela a
realizzarlo e anche per questa vita che dedico a te piccolino.*

La tua mamma

Finito di stampare
Nel mese di Dicembre 2015
© 2015 Irda Edizioni

Lulu Press
3101 Hillsborough St.
Raleigh, NC 27607 | U.S.A.